中国国情调研丛书·企业卷

China's national conditions survey Series · **Vol enterprises**

主　编 陈佳贵
副主编 黄群慧

山东蓝晶易碳新能源有限公司考察

Field Research on Blue Carbon Technology Inc.

杨丹辉　等 / 著

经济管理出版社
ECONOMY & MANAGEMENT PUBLISHING HOUSE

图书在版编目（CIP）数据

山东蓝晶易碳新能源有限公司考察/杨丹辉等著. —北京：经济管理出版社，2016.12
ISBN 978-7-5096-4647-2

Ⅰ.①山…　Ⅱ.①杨…　Ⅲ.①新能源—能源工业—工业企业—研究—山东　Ⅳ.①F426.2

中国版本图书馆 CIP 数据核字（2016）第 237830 号

组稿编辑：陈　力
责任编辑：陈　力　舒　林
责任印制：黄章平

出版发行：经济管理出版社
　　　　　（北京市海淀区北蜂窝 8 号中雅大厦 A 座 11 层　　100038）
网　　址：www. E-mp. com. cn
电　　话：（010）51915602
印　　刷：三河市延风印装有限公司
经　　销：新华书店
开　　本：720mm×1000mm/16
印　　张：11.75
字　　数：200 千字
版　　次：2017 年 2 月第 1 版　　2017 年 2 月第 1 次印刷
书　　号：ISBN 978-7-5096-4647-2
定　　价：38.00 元

《中国国情调研丛书·企业卷·乡镇卷·村庄卷》

序 言

为了贯彻党中央的指示，充分发挥中国社会科学院思想库和智囊团的作用，进一步推进理论创新，提高哲学社会科学研究水平，2006年中国社会科学院开始实施"国情调研"项目。

改革开放以来，尤其是经历了近30年的改革开放进程，我国已经进入了一个新的历史时期，我国的国情发生了很大变化。从经济国情角度看，伴随着市场化改革的深入和工业化进程的推进，我国经济实现了连续近30年的高速增长。我国已经具有庞大的经济总量，整体经济实力显著增强，到2006年，我国国内生产总值达到了209407亿元，约合2.67万亿美元，列世界第四位；我国的经济结构也得到了优化，产业结构不断升级，第一产业产值的比重从1978年的27.9%下降到2006年的11.8%，第三产业产值的比重从1978年的24.2%上升到39.5%；2006年，我国实际利用外资为630.21亿美元，列世界第四位，进出口总额达1.76万亿美元，列世界第三位；我国人民生活水平不断改善，城市化水平不断提升。2006年，我国城镇居民家庭人均可支配收入从1978年的343.4元上升到11759元，恩格尔系数从57.5%下降到35.8%，农村居民家庭人均纯收入从133.6元上升到3587元，恩格尔系数从67.7%下降到43%，人口城市化率从1978年的17.92%上升到2006年的43.9%以上。经济的高速发展，必然引起国情的变化。我们的研究表明，我国的经济国情已经逐渐从一个农业经济大国转变为一个工业经济大国。但是，这只是从总体上对我国经济国情的分析判断，还缺少对我国经济国情变化分析的微观基础。这需要对我国基层单位进行详细的分析研究。实际上，深入基层进行调查研究，坚持理论与实际相结合，由此制定和执行正确的路线方针政策，是我们党领导革命、建设和改革的基本经验和基本工作方法。进行国情调研，也必须深入基层，只有深入基层，才能真正了解我国国情。

为此，中国社会科学院经济学部组织了针对我国企业、乡镇和村庄三类基层单位的国情调研活动。据国家统计局的最近一次普查，到 2005 年底，我国有国营农场 0.19 万家，国有以及规模以上非国有工业企业 27.18 万家，建筑业企业 5.88 万家；乡政府 1.66 万个，镇政府 1.89 万个，村民委员会 64.01 万个。这些基层单位是我国社会经济的细胞，是我国经济运行和社会进步的基础。要真正了解我国国情，必须对这些基层单位的构成要素、体制结构、运行机制以及生存发展状况进行深入的调查研究。

在国情调研的具体组织方面，中国社会科学院经济学部组织的调研由我牵头，第一期安排了三个大的长期的调研项目，分别是"中国企业调研"、"中国乡镇调研"和"中国村庄调研"。"中国乡镇调研"由刘树成同志和吴太昌同志具体负责，"中国村庄调研"由张晓山同志和蔡昉同志具体负责，"中国企业调研"由我和黄群慧同志具体负责。第一期项目时间为三年（2006~2009 年），每个项目至少选择 30 个调研对象。经过一年多的调查研究，这些调研活动已经取得了初步成果，分别形成了《中国国情调研丛书·企业卷》、《中国国情调研丛书·乡镇卷》和《中国国情调研丛书·村庄卷》。今后，这三个国情调研项目的调研成果还会陆续收录到这三卷书中。我们期望，通过《中国国情调研丛书·企业卷》、《中国国情调研丛书·乡镇卷》和《中国国情调研丛书·村庄卷》这三卷书，能够在一定程度上反映和描述在 21 世纪初期工业化、市场化、国际化和信息化的背景下，我国企业、乡镇和村庄的发展变化。

国情调研是一个需要不断进行的过程，以后我们还会在第一期国情调研项目基础上将这三个国情调研项目滚动开展下去，全面持续地反映我国基层单位的发展变化，为国家的科学决策服务，为提高科研水平服务，为社会科学理论创新服务。《中国国情调研丛书·企业卷》、《中国国情调研丛书·乡镇卷》和《中国国情调研丛书·村庄卷》这三卷书也会在此基础上不断丰富和完善。

中国社会科学院副院长、经济学部主任

陈佳贵

2007 年 9 月

《中国国情调研丛书·企业卷》

序　言

　　企业是我国社会主义市场经济的主体，是最为广泛的经济组织。要对我国经济国情进行全面深刻的了解和把握，必须对企业的情况和问题进行科学的调查和分析。深入了解我国企业生存发展的根本状况，全面把握我国企业生产经营的基本情况，仔细观察我国企业的各种行为，分析研究我国企业面临的问题，对于科学制定国家经济发展战略和宏观调控经济政策，提高宏观调控经济政策的科学性、针对性和可操作性，具有重要的意义。另外，通过"解剖麻雀"的典型调查，长期跟踪调查企业的发展，详尽反映企业的生产经营状况、改革与发展情况、各类行为和问题等，也可以为学术研究积累很好的案例研究资料。

　　基于上述两方面的认识，中国社会科学院国情调查选择的企业调研对象，是以中国企业及在中国境内的企业为基本调查对象，具体包括各种类型的企业，既包括不同所有制企业，也包括各个行业的企业，还包括位于不同区域、具有不同规模的各种企业。所选择的企业具有一定的代表性，或者是在这类所有制企业中具有代表性，或者是在这类行业中具有代表性，或者是在这个区域中具有代表性，或者是在这类规模的企业中具有代表性。我们期望，通过长期的调查和积累，中国社会科学院国情调查之企业调查对象，逐步覆盖各类所有制、各类行业、不同区域和规模的代表性企业。

　　中国社会科学院国情调查之企业调查的基本形式是典型调查，针对某个代表性的典型企业长期跟踪调查。具体调查方法除了收集查阅各类报表、管理制度、文件、分析报告、经验总结、宣传介绍等文字资料外，主要是实地调查，实地调查主要包括进行问卷调查、会议座谈或者单独访谈、现场观察写实等方式。调查过程不干扰企业的正常生产经营秩序，调查报告不能对企业正常的生产经营活动产生不良影响，不能泄露企业的商业秘密，"研究无禁区，宣传有纪律"，这是我们进行企业调研活动遵循的基本原则。

中国社会科学院国情调查之企业调查的研究成果主要包括两种形式：一是内部调研报告，主要是针对在调查企业过程中发现的某些具体但具有普遍意义的问题进行分析的报告；二是全面反映调研企业整体情况、生存发展状况的长篇调研报告。这构成了《中国国情调研丛书·企业卷》的核心内容。《中国国情调研丛书·企业卷》的基本设计是，大体上每一家被调研企业的长篇调研报告独立成为《中国国情调研丛书·企业卷》中的一册。每家企业长篇调研报告的内容，或者说《中国国情调研丛书·企业卷》每册书的内容，大致包括以下相互关联的几个方面：一是关于企业的发展历程和总体现状的调查，这是对一个企业基本情况的大体描述，使人们对企业有一个大致的了解，包括名称、历史沿革、所有者、行业或主营业务、领导体制、组织结构、资产、销售收入、效益、产品、人员等；二是有关企业生产经营的各个领域、各项活动的深入调查，包括购销、生产（或服务）、技术、财务与会计、管理等专项领域和企业活动；三是关于企业某个专门问题的调查，例如企业改革问题、安全生产问题、信息化建设问题、企业社会责任问题、技术创新问题、品牌建设问题，等等；四是通过对这些个案企业的调查分析，引申出这类企业生存发展中所反映出的一般性的问题、理论含义或者其他代表性意义。

中国正处于经济高速增长的工业化中期阶段，同时中国的经济发展又是以市场化、全球化和信息化为大背景的，我们期望通过《中国国情调研丛书·企业卷》，对中国若干具有代表性的企业进行一个全景式的描述，给处于市场化、工业化、信息化和全球化背景中的中国企业留下一幅幅具体、生动的"文字照片"。一方面，我们努力提高《中国国情调研丛书·企业卷》的写作质量，使这些"文字照片"清晰准确；另一方面，我们试图选择尽量多的企业进行调查研究，将始于2006年的中国社会科学院国情调研之企业调研活动持续下去，不断增加《中国国情调研丛书·企业卷》的数量，通过更多的"文字照片"来全面展示处于21世纪初期的中国企业的发展状况。

中国社会科学院经济学部工作室主任

黄群慧

2007年9月

目　录

第一章 企业概况与发展历程

第一节 企业概况

　　山东蓝晶易碳新能源有限公司（以下简称蓝晶易碳）是一家定位于"真正创新"、以生产和销售光伏组件及相关产品为主的民营企业（见图1-1）。公司注册资金500万，生产基地占地20000平方米，建筑面积10000平方米，年科技研发投入超过1200万元，年产值超过1亿元。主要生产经营的产品包括：光伏组件、光伏电站系统、太阳能户用系统、太阳能路灯、光伏水泵、光伏空调及光伏随身电源等。2009年8月，公司入驻山东省日照高新区产业园，立足独特的战略视角，不断发展壮大，逐步成为产品特色鲜明、在国内外市场有一定影响力的光伏企业。

图1-1　山东蓝晶易碳新能源有限公司

经过多年的业务开拓及数轮资产整合，2009 年，蓝晶易碳在深入分析国内外市场和行业形势基础上，结合自身技术、产品优势，在日照高新区注册了新能源公司，是集产品研发、代理加工、海内外直销等业务于一体的国内中小型光伏产品供应商（见图 1-2）。公司以"脚踩两个农村，脑袋在北上广"为核心发展战略，形成独特的市场定位、适度超前的创新理念和先进的发展模式，在光伏市场（特别是离网光伏市场）占据日益重要的地位。

自创立以来，蓝晶易碳致力于打造"具有国际视野、拥有国际品牌、实现真正创新"的新能源公司。公司领导团队深入观察和分析国内外光伏产业现状，结合自身优势，不断挖掘光伏领域的蓝海，将系统集成、真正创新和过程展示作为重点发展环节，立足实现小产品规模化经营和特色产品差别化经营。精准定位和差别化经营为公司的创立发展奠定了良好基础，公司在全球传统光伏市场收缩、欧美光伏对"双反"愈演愈烈的大环境下迅速成长，目前业务范围已经拓展到非洲、东南亚、中南美洲以及东亚的日本、韩国等全球多个地区和国家。

图 1-2 蓝晶易碳位于山东省日照市的主厂区

第二节 公司发展历程

蓝晶易碳现有员工 348 人，生产基地 3 个，国内销售公司 4 家和驻外销售机构 7 个，与 37 个海外国家和地区有业务往来并设立直销铺面。2009 年成立以来，公司依托技术支撑和富有前瞻性的战略定位迅速发展。回顾公司发展历程，主要经历了初创期和转型发展期两个阶段。

1. 初创期

2009 年 8 月，蓝晶易碳落户日照市，拥有电池板功率测试仪 3 台，铝合金装框机 3 台，激光切割机 5 台，生产线 8 条。同年 9 月，公司接单负责新疆伊犁太阳能路灯安装工程，并以此为契机，蓝晶易碳在新疆设立了第一家国内办事处。这项工程总计安装路灯近 2000 盏，不仅为当地居民带去光明，节约能源，也为公司发展开创了良好开端。

2010 年，为适应逐渐打开的国内市场，进一步提高生产能力、增加市场份额，公司先后增加了 7 台电池板测试仪、5 台激光切割机和 4 条生产线，并成立焊接车间。2010 年，公司先后承接五项重要工程：昭苏电站工程、康大地产养殖场 3kW 太阳能离网发电系统工程、青河电站生产安装工程、新疆生产建设兵团三五九旅纪念馆太阳能发电系统安装工程、长门岩岛电站太阳能电池板的生产及发电系统安装工程。上述五项工程的顺利竣工扩大了蓝晶易碳在国内太阳能光伏供电系统安装工程领域的影响力，也为公司进一步发展奠定了基础。

2. 转型发展期

蓝晶易碳在初创期依托工程安装服务迅速积累了良好的市场信誉，但单一的经营结构难以满足公司进一步发展壮大的需求，也难免陷入同质竞争的被动局面。同时，欧盟和美国大规模对华光伏"双反"也给太阳能电池板等光伏组件出口带来巨大的销售压力。2011~2015 年，公司进入转型发展期，成立了山东蓝晶电力有限公司和山东蓝晶电力小组，筹建太阳能空调、太阳能水泵等差异化产品的研发生产，并逐步扩大国内合作范围、布局海外销售市场。

2011 年 7 月，为适应业务转型需要，公司成立了山东蓝晶电力有限公司和山东蓝晶电力小组。其中，山东蓝晶电力有限公司隶属蓝晶易碳，侧重于生产灯具、用户系统类太阳能电池板以外的产品。山东蓝晶电力小组则以调研和研发为工作重点，立足"蓝色家电"新理念，集中力量面向"蓝色家电"市场设计出更加节能环保的产品。目前，电力小组已经成功研发设计出太阳能照明系列、太阳能空调系列、太阳能水泵系列等产品。

2013 年，公司找准中国广大农村农户的需求痛点及农村营销网络建设的有力触点，将农村用户作为离网产品的主要目标市场，并发掘邮政网络链接农村用户的独特优势，先后与山东邮政总公司、山西邮政总公司签署合作协议。2013 年 10 月，蓝晶易碳与山东邮政总公司签署合作协议，通过邮政系统推进一体化路灯等 LED 照明系列业务，并因其优质的产品和完善的售后成为山东邮政总公司创收的重要推广业务之一。2014 年 5 月，公司与山西邮政总公司签订合作协议。与山东、山西两省邮政总公司的合作进一步稳定和拓展了公司在国内农村的销售渠道，为深挖农村市场、扩大农村市场占有率提供了有利基础，并有效缓解了 2012 年欧美大规模对华光伏"双反"对公司经营业绩造成的不利影响。

在拓展国内农村市场的同时，公司积极布局海外农村市场，重点开发东南亚和非洲等经济欠发达地区。公司利用太阳能系统工程技术优势承接海外工程项目，成功打开海外市场大门。2013 年，公司承建非洲太阳能电站项目；2014 年，承建也门太阳能水泵灌溉项目。另外，公司先后于 2013 年、2014 年和 2015 年在孟加拉、柬埔寨、缅甸成立海外办公室，打出了"唐店"营销模式，尝试和推广海外"唐店"，将海外市场信息与资源进一步掌握在自己手中。2016 年 7 月，蓝晶易碳在海外开设了第一家蓝色家电体验店，进一步升级集新能源家电研发、制造、销售、服务为一体的运营模式（见图 1-3）。

图 1-3 2016 年 7 月蓝晶易碳在缅甸曼德勒的"蓝色家电"体验店开业

值得关注的是，在积极拓展海外市场布局过程中，蓝晶易碳将社会责任与企业使命紧密结合，对贫困或受灾地区提供力所能及的援助，为中国光伏企业"走出去"树立良好形象。蓝晶易碳结合自身产品特性和技术优势，重点为海外受灾地区提供电力照明援助。2012 年，公司为日本东北部地震灾区安装路灯；2014 年，公司为缅甸华人学校捐赠 600 余盏路灯；2015 年，公司通过尼泊尔代理商为当地捐赠 5000 盏光明灯及"小时代"系列蓄电照明设备，为震后尼泊尔送去光明。

第三节　竞争优势

蓝晶易碳主营业务及产品属于整个光伏产业链下游的光伏组件生产环节，企业规模中等，国内光伏市场中规模相当的企业数量多、主营产品同质化程度高，公司发展面临较大的同业竞争压力。经过 7 年的发展，公司形成了以技术研发力度大、产品配置性价比高、市场定位独特准确三个方面支撑的企业优势竞争力，为公司在国内离网光伏组件市场中不断增强影响力奠定基础。

● 科技研发方面。公司创立以来就高度重视对产品科研方面的关注和资金投入，年均科研经费超过 1200 万元，约相当于企业 2014 年利润总额的 1/3。截至 2015 年 7 月，公司通过自主研发和专利申请获取自主研发使用新型专利 5 项，独占许可权专利 3 项，科技成果转化 22 项。大量科研支持、投入和即时、有效的专利保护，使公司在激烈的同质化竞争中占据有利位置，为企业构筑优势竞争力奠定了技术基础。

● 产品工艺方面。蓝晶易碳的太阳能蓄电池全部采用磷酸铁锂蓄电池，有效规避传统铅酸电池和胶体电池日益暴露的技术缺陷。与铅酸电池和胶体电池相比，磷酸铁锂蓄电池使用寿命长，安全性好，体积较小，质量更轻，在最极端高温环境下依然可以正常使用，可释放的能量更高。因此，公司在太阳能照明产品中采用磷酸铁锂蓄电池可以拓展产品使用边界、延长 LED 照明设备使用寿命，进而提高产品性价比，在同类产品市场竞争中占据优势。

● 市场定位方面。凭借独特的战略前瞻性，蓝晶易碳将产品销售市场定位国内、国外的农村，充分发挥在离网光伏产品方面的技术研发和产品配置优势，率先占据这两个潜力巨大的农村市场。值得一提的是，公司领导团队经过深入调研和探讨，在海外市场布局中有针对性选择东南亚、非洲等经济发展相对落后、太阳能资源较丰富、对电力照明需求迫切的国家和地区，为企业开拓了潜力巨大的销售市场。

第四节　核心理念与战略定位

有别于国内绝大多数光伏企业走规模扩张道路，蓝晶易碳自创立之初就确立了独特的战略定位和发展模式。与国内企业普遍"做大做强、大干快跑"理念不同，蓝晶易碳立足"真正创新"和"精益管理"，扑下身子做市场调查，全神贯注做自主创新，耐着性子谋长远发展，企业领导团队和员工共同分享"慢成长"带来的充实感受，力求将企业"做精做美"。这种追求发展质量而不是速度的思路和战略对于中国产业转型升级、加快建设制造强国具有一定前瞻性和启示意义。同时，蓝晶易碳以亚非市场为撬动点的国际化发展策略，不仅在较短时间内为公司赢得了差别化的海外市场，而且为战略性新兴领域的中小型企业"走出去"、开展国际化经营探索出可复制的宝贵经验。

一、战略定位独特，发展目标明确

蓝晶易碳领导团队对市场前景判断和企业自身定位见解独到，公司核心发展战略为"脚踩两个农村、脑袋在北上广"。公司依托先进的产品技术，深入国内外农村市场开展实地调研，不断开发出适用于国内外两个农村市场离网用户的光伏产品，发掘并力求解决终端用户的真正需求痛点。

光伏产业作为战略性新兴产业，关键技术的掌握、应用和规模化经营是行业内企业发展壮大的重要前提，而且现阶段国内光伏企业发展仍主要采取规模扩张方式，导致终端市场竞争激烈，价格竞争成为市场争夺的主要手段。有别于行业通行的规模扩张方式，蓝晶易碳公司并不片面追求将企业快速"做大做强"，而是集中发力，力图将企业"做精做美"。

一方面，公司将"脑袋"放在北上广，即始终在坚持自主创新基础上，持续追踪和跟进光伏产业前沿技术和商业模式，从技术层面为公司逐步占领目标市场、扩大市场份额提供有力支撑；另一方面，公司决策层深谙战略目标和技术的落地实践需要稳定的市场空间和需求群体的企业发展指导，有意避开行业的红海，将销售市场定位于国内和国外的农村，并构建了包括高层领导、技术人员、市场销售人员在内的农村基层调研团队，通过"决策、技术、销售三管齐下"的调研模式，迅速将终端用户的需求痛点落实到企业生产经营决策之中，主打离网太阳能光伏产品，不断开拓潜在销售市场。"脚踩两个农村"的市场战略定位，不仅为蓝晶易碳有效规避了一线城市规模较大、发展更成熟的其他光伏企业的同业竞争，而且有助于缓解公司初创期大城市消费群体对离网产品过度差异化需求带来的研发和成本压力，为公司营造了较为宽松的成长环境。同时，这一定位能够真正反映并切实解决我国"高边疆"地区终端用户的用电需求，对于缓解农村地区电力紧张状况、提高农民生活水平、推动全面建成小康社会具有重要现实意义，从而充分彰显了蓝晶易碳的社会责任。再从公司国际业务着力点看，其价廉物美的光伏产品很好地满足了基础设施落后、电网覆盖面窄、建设资金紧张的非洲、南亚和东南亚国家和地区居民照明、用电、制冷等基本需求，符合国家"一带一路"战略导向需求，为推动沿线国家"五通"做出了独特贡献。

二、不断创新商业模式，着力打造自主品牌

独特的战略定位需要对接创新的产品销售模式，在深入扎实开展实地调研基础上，蓝晶易碳自主开发出特色鲜明、操作性强的F2T（Factor to Town）营销模式，有效捕获目标消费群体最真实的需求，配合自主产品设计和研发，并直接将产品和服务提供给消费市场的终端用户，从而使制造商与终端消费者实现了无缝对接。通过改变终端消费者的产品获取模式，逐步弱化渠道商对制造商和需求者的异化控制。

目前，公司针对国内外两个市场，量身定制出两种差别化F2T商业模式。其中，国内农村市场采用"三品三农三店"B2C模式，主动掌控国内广大农村地区消费者对产品性能、售前体验、售后服务等环节上不断提升的需求，国外农村市场通过成立海外市场调研小组，依托"高层决策者+技术研发人员+市场销售人员"组合模式，对海外市场进行实地调研考察，开创海外市场"唐店"销售模式。

基于离网产品的特点，公司不仅下大力气创新商业模式，而且始终将开发推广自有品牌作为企业可持续发展的重中之重，特别是在海外市场，蓝晶易碳不断加大自有品牌运营力度。经过多年投入和经营，目前蓝晶易碳自主品牌 Bluecarbontech（BCT）已经成为东南亚地区光伏离网产品第一品牌，并已加入特变电工、中兴等国内多家电力通信企业供应链，成为其离网电池板、光伏离网组件指定供应商。

三、高度重视科技研发，积极推进市场化应用

蓝晶易碳作为一家以专业技术为支撑、以创新为战略导向的新能源企业，成立以来高度重视新技术自主研发，年均投入研发经费超过 1200 万元，并与中南大学能源科学与工程学院建立了长期合作关系，构建产学研联动机制，有效保证企业产品技术水平的领先性与企业的可持续发展。

在质量和标准管理方面，公司严格按照 ISO 管理体系标准要求，制定产品设计、验证等控制程序，研发项目立项前需进行全面策划并提供立项报告和项目预算表，分阶段定期组织设计评审。目前，公司通过自主研发已获得 5 项实用新型专利，通过独占许可获得 3 项实用新型专利，拥有全球唯一商业化光伏蓄冷空调专利。在持续自主创新基础上，公司适时推进科研成果市场化传化。截至 2015 年 7 月，已适应市场需求转化科技成果 22 项。产品包括光伏组件、LED 照明、并（离）网光伏电站系统、光伏空调、太阳能水泵等诸多系列，应用领域涉及商业、住宅和公共照明，农业灌溉、家用，商用制冷、取暖等。

第二章　行业技术和组织特征

　　蓝晶易碳是以光伏产品为主业的新能源企业。光伏发电是新能源领域中重要的发电方式之一。进入 21 世纪，面对全球气候变化压力，世界各国迫切需要改变对化石能源的依赖，不断开发利用更加清洁、安全的新能源，实现生产和生活方式的低碳转型。作为新能源产业的重要组成部分，光伏产业受到各国政府和投资者的高度关注，成为产业转型升级的目标方向之一和新的投资热点。2012 年以来，随着欧盟主要光伏应用国家产业政策相继做出调整以及新兴市场特别是世界最不发达地区对太阳能产品的需求悄然升温，全球光伏市场进入快速扩张时期，国内光伏企业发展面临的市场环境也随之发生了显著变化，对光伏企业特别是山东蓝晶易碳新能源公司这类以开拓细分市场为战略立足点的中小型光伏企业的生产经营带来了新的挑战和机遇。

第一节　光伏技术演进

一、光伏产业概述

　　太阳光的辐射能量称为太阳能，来自太阳内部的核聚变反应。太阳能有广义和狭义之分，广义太阳能包括风能、水的势能、化学能、海流能等；狭义太阳能指太阳辐射能的光热、光电以及光化学的转换。在地球的能源储量中，太阳能是储量最为丰富的能源。理论上讲，相较于可用竭、不可再生的传统化石能源，太阳能可以被人类"永续"利用。目前，人类应用太阳能的方式主要有两种，即光能和热能。太阳能热能的开发利用技术比较成熟，其应用比较普遍，最为常见的就是居民在屋顶使用的太阳能真空管热水器。而太阳能光能主要利用形式之一即是太阳能光伏发电（Photo-voltage Generation，PV），光伏产业则是利用太阳能发电的产业。

光伏发电是利用太阳电池半导体材料的光伏效应，将太阳光辐射能直接转换为电能的一种新型发电系统。为光伏发电提供设备和产品支撑的光伏产业由原料供应、零部件制造、整机组装制造和产品销售四个环节组成。其中，包括单晶硅、多晶硅和薄膜在内的电池原料供应属于原料供应环节；组件、硅片、硅棒等发电专用设备的零部件以及配套设备（蓄电池、控制器、逆变器等）的零部件的生产供应属于零部件制造环节；电池、控制器、蓄电器、逆变器、跟踪控制系统属于整机组装制造环节；其他下游服务企业及电力输送部门则属于产品销售环节。在上述这些环节中，太阳能电池板生产是光伏设备制造核心。

光伏发电作为重要的新能源，在各国新能源发电市场中，甚至整个电力体系中的地位不断提升。EPIA 发布的《全球光伏市场展望（2015）》——Global Market Outlook For Photovoltaics（2015~2019）报告，截至 2014 年，光伏发电已经能够满足欧洲地区用电需求的 3.5%。其中，意大利、德国和希腊的光伏发电平均供电水平已经能够满足上述三国 7%左右的国内电力需求。同时，《全球光伏市场展望（2015）》等数据显示，全球光伏发电市场的新增装机容量一举突破 50GW 大关，达到 56.4GW，创造了新的纪录，新增装机容量增长率为 25.3%，累计装机容量达到 242.8GW。除了中国、日本、美国等近年来新增光伏装机容量规模和增速保持领先的国家之外，印度、拉美、南非等国家和地区的光伏市场都以相当可观的速度增长。2014 年，印度、拉美、南非新增光伏装机容量分别为 883MW[1]、625MW[2] 和 800MW[3]。

二、主导产品

从全球范围看，太阳能光伏技术已经历三代技术的形成和发展：以硅

---

[1] 资料来源：中国投资咨询网，http://www.ocn.com.cn/chanjing/201503/guangfuzhuangjiliang051420.shtml.

[2] 资料来源：Solarzoom 光伏太阳能网，http://guangfu.bjx.com.cn/news/20150130/586573.shtml.

[3] 资料来源：EPIA Global Market Outlook For Photovoltaics 2015-2019.

基技术为代表的第一代太阳能光伏技术，以化合物薄膜半导体技术为代表
的第二代太阳能光伏技术和以有机系薄膜技术为代表的第三代太阳能光伏
技术。

　　1. 电池类型

　　根据技术原理不同，太阳能电池可以分晶硅太阳电池、薄膜太阳电池
和聚光太阳电池三类（见图2-1）。其中，晶硅太阳电池是技术最为成熟、
应用最为广泛的太阳能电池。根据其原材料不同，可以分为单晶硅太阳电
池和多晶硅太阳电池。由于硅原料价格上涨，薄膜太阳电池近年来得到了
快速发展。根据其原材料的不同，主要分为硅基薄膜太阳电池和化合物薄
膜太阳电池两大类。聚光太阳电池是新兴的超高效太阳电池，根据其倍率
不同可以分为低倍聚光太阳电池和高倍聚光太阳电池。

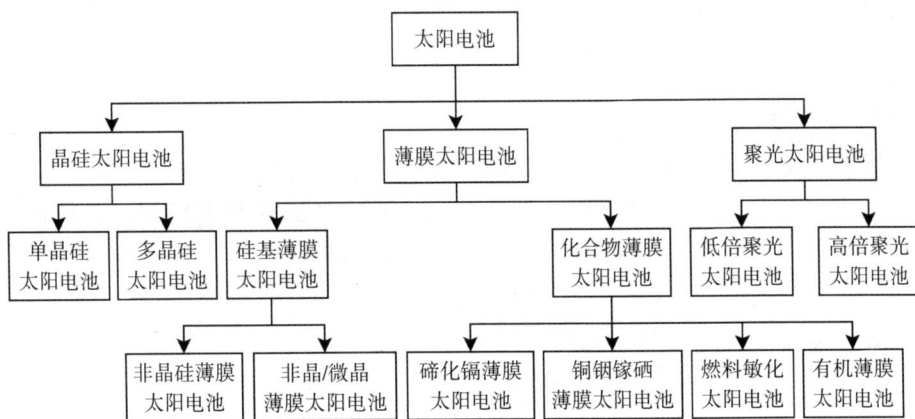

图 2-1　太阳电池分类

　　单晶硅太阳电池光电转化率高，目前世界先进水平可以达到25%的转
化率，我国可以达到20%。单晶硅太阳电池还具有稳定性好的特性，使用
寿命可达25年。但是，单晶硅材料的制备成本高、电池制造工艺烦琐是
其难以突破的技术瓶颈。

　　多晶硅太阳电池制备过程中所需硅原料比单晶硅太阳电池少，且无效
率衰退问题，生产成本较低。目前商业化生产的多晶硅太阳能电池转换效
率可以达到18%，具有很好的发展前景，未来可以通过提高转换效率和降
低成本，进一步提升多晶硅太阳电池的优势地位。

　　硅基薄膜太阳电池发电原理与晶硅太阳电池一样，但所需硅原料少，

成本低，还具备制造工艺简单、温度系数低、弱光效应好等优点。不过硅基薄膜太阳电池光电转换效率较低，一般为8%~10%，导致其组件安装成本高。因此，提高转化效率是硅基薄膜太阳电池有待解决的技术难题。

铜铟镓硒太阳电池成本低、污染小、弱光性能好、不衰退，而且光电转换率为各种薄膜太阳电池最高。国外研制的铜铟镓硒电池薄膜太阳电池光电转化效率可以达到20.3%，我国目前研发水平还比较低，实验室最高转化率仅为10%左右。对于铜铟镓硒太阳电池来说，层间附着力差、符合化学计量比且具有黄铜矿结构的多晶薄膜吸收层的制备是有待解决的关键技术难题。

碲化镉太阳电池原材料成本低，较易实现生产规模化。碲化镉太阳电池理论转化效率可达29%，但由于专利保护，目前仅限于美国First Solar公司、德国Antec Solar Energy等几家公司生产，属于封闭式生产。经过20世纪80年代以来的研究，我国打破了国外技术封锁，自主研发的光电转换效率已经突破13.88%。但是原材料碲的稀缺性是难以解决的技术问题，也是制约技术发展的主要原因。

燃料敏化太阳电池的成本仅为硅系太阳电池的1/10~1/5，光电效率可稳定在10%以上，对温度不敏感，进入门槛较低，具有很好的发展前景。我国在该领域的科学研究水平与世界水平较为接近，中国科学院应用化学研究所于2015年4月实现燃料敏化太阳电池效率突破12.5%。目前，光电效率的继续提高是燃料敏化太阳电池技术未来发展的主要方向。

有机太阳电池除了具有成本低、制造工艺简单的优势，还可制备成大面积柔性器件，具备大范围生产应用条件。但是其光电效率较低，最高仅超过10%，而且稳定性不好。这些问题严重制约了有机太阳电池的生产应用，是亟须解决的技术难题。

聚光太阳电池转换效率可达31%~40.7%，远高于其他太阳电池。但原料稀缺，聚光太阳电池成本远远高于其他太阳电池。而且其生产过程中耗能较大，从全产业链评估，很难实现节能目标。因此，在全球积极推行节能减排情况下，聚光太阳电池的发展受到一定的制约。

2. 成本比较

晶体硅光伏发电技术成熟度高，硅资源丰富、价格低廉，已经被大规模产业化应用，其市场份额约为90%，一直占据主导地位。第一代光伏发电技术主要以晶硅电池为核心，分为单晶硅电池和多晶硅电池。单晶硅电池在商业化生产中的光电转换效率为 20% 左右，使用寿命一般为 15 年，最高可达到 25 年。单晶硅具有良好的稳定性，但是制造工艺复杂、制备成本较高。多晶硅电池的制造工艺与单晶硅电池相似，其光电转换效率低于单晶硅电池，目前商业化生产的光电转换效率约为 18%，使用寿命也短于单晶硅电池。但多晶硅电池没有效率衰退问题，制备成本较低，具有很大的发展潜力。以上两种硅太阳能电池的生产都需要多晶硅制备过程，多晶硅制备是生产过程中最关键的环节，也是整个光伏产业链的利润集中带，目前的主要工艺技术为改良西门子法、流化床法和硅烷法。全球绝大部分厂家都使用改良西门子法，主要通过高纯氢还原高纯三氯氢硅，具有节能、低耗优点，但其核心工艺仍被掌握在美、德、日等 7 家企业手中，形成技术垄断局面。

薄膜半导体光伏发电技术尚待进一步发展，相比晶体硅光伏发电技术，产业化规模较小，仅占市场份额的 10% 左右，其核心为薄膜电池的生产。薄膜电池主要分为硅基薄膜电池和多元化合物薄膜电池。其中，硅基薄膜电池需要的硅原料少、耗电量低、制备成本低，弱光效应好，但是其光电转换效率比较低，一般为 8%~10%，且工作效能不稳定。多元化合物薄膜电池主要包括砷化镓Ⅲ-Ⅴ族化合物、硫化镉、碲化镉及铜铟硒薄膜电池等。砷化镓Ⅲ-Ⅴ族化合物的光电转换效率可达 29%，但材料成本高昂；硫化镉薄膜电池成本比单晶硅电池低，但光电转换效率不高，而且镉有剧毒，会对环境造成污染；碲化镉薄膜电池与硫化镉薄膜电池相似，成本低但目前国内光电转换效率较低，由于专利保护，光电转换核心技术仅局限于美、德几家企业之间，其光电转换效率已达 29% 左右；铜铟硒薄膜电池价格低廉、性能稳定、污染较小，光电转换效率接近多晶硅电池，但其生产过程中多晶薄膜吸收层的制备问题仍然很难解决。这种技术虽然近些年发展迅速，但市场份额很小、主要通过聚光太阳电池来提高表面，其光电转换效率远高于其他电池，可以达到 31%~40.7%。但是生产过程耗能大，并且不能利用漫射辐射，需要同时使用跟踪器，成本较高，因此使用率不高。

随着太阳能发电产业逐步发展及在全球范围内的规模化应用，其发电成本也越来越成为关注焦点。采用目前应用最广泛的平准化发电成本（LCOE）方法，分析比较各种发电技术的发电成本。平准化发电成本是一种被用来衡量发电站发电寿命周期内最终成本的分析工具，其总思路就是用生命周期内总成本除以生命周期内总电量。生命周期内总成本包括建设成本和运维成本两部分，其中建设成本主要包括前期成本、设备成本和建设电站成本，运维成本包括人员成本、维护成本、资金使用成本和材料成本，计算过程还应考虑时间、折旧、税收、资产残值等因素影响，这些因素随不同企业、不同项目都会对发电成本产生不同的影响。表 2-1 分别列出了每种发电技术的高、中、低三种成本。

表 2-1　2015 年各发电技术的平准化发电成本（$/MWh）

发电技术		低	中	高
传统发电技术	煤电	33.0	91.0	154.0
	天然气联合循环燃气轮机	51.0	22.0	158.0
	热电联产	61.0	60.0	172.0
	核电	67.0	140.0	290.0
	大型水电	26.0	70.0	313.0
	小型水电	24.0	78.0	310.0
风力发电	陆上风电	43.0	83.0	231.0
	海上风电	102.0	174.0	360.0
生物质发电	生物质—气化发电	83.0	128.0	210.0
	生物质—焚化发电	77.0	134.0	257.0
	生物质—厌氧消化发电	25.0	146.0	195.0
光热发电	太阳能热发电—线性菲涅尔式	250.3	280.2	407.1
	太阳能热发电—槽式+储能	206 0	265.0	419.0
	太阳能热发电—槽式	192.0	265.0	299.0
	太阳能热发电—塔式/碟式+储能	173.4	219.6	270.8
	太阳能热发电—塔式/槽式	152.0	220.0	309.0
光伏发电	光伏—薄膜	76.0	122.0	227.1
	光伏—晶硅—太阳追踪	72.0	133.0	210.0
	光伏—晶硅	52.0	122.0	330.0

资料来源：《全球新能源发展报告 2016》。

　　总体来看，受技术发展限制，新能源发电技术成本仍然普遍高于传统发电技术成本，而光伏发电成本低于光热发电成本。首先，光伏发电成本在逐步下降，原因是光伏组件价格的不断下降和技术进步推动光伏组件转换率的提高。光伏发电成本虽然低于大部分新能源发电成本，但受环境因素影响较大，相同发电技术成本差距大。如光伏—晶硅发电技术，最低发电成本为每兆瓦时 52 美元，非常低廉，与一些传统发电技术或者水电这种成本较低的新能源发电技术相差不远，而最高发电成本却非常高昂，达到每兆瓦时330美元，这与技术壁垒也有很大关系，目前光伏发电的很多核心技术仍然只限于少数几家企业使用。其次，光热发电成本仍比较高昂。从表2-1中可以看出，光热发电成本高于大部分其他类型发电成本，表中所列举的五种光热发电技术中，最高发电成本可达每兆瓦时419美元，最低发电成本也需要每兆瓦时152美元。因此，这一技术商业规模化程度较低，产业化有待进一步提升。

第二节 光伏产业技术路线

一、光伏发电主导技术的产业化进程

目前，世界范围内已经实现大规模产业化的太阳电池有晶硅太阳电池和薄膜太阳电池两类。从近年发展情况看，晶硅太阳电池仍然占据市场主导地位，市场份额一直维持在90%左右，而薄膜太阳电池的市场份额仅为10%左右。

晶硅太阳电池生产技术的核心为多晶硅制备和电池组件环节。从多晶硅制备环节看，2005年以后国内外对多晶硅的需求快速增长，而在国外技术对我国实行封锁的情况下，我国民营资本在国内大量投资建厂，通过自主研发、引进国外先进技术、系统集成创新等方式，在短期内基本掌握了高纯多晶硅材料生产技术，我国多晶硅产业规模也随之迅速扩大。相对而言，电池组件环节进入门槛不高，核心专利均已过期，企业只需购置相应设备即可进行生产。随着近几年国际光伏市场的拉动，我国对电池组件产业的投资规模加大，其产业化进程也随之加快。美国权威市场调研机构HIS公布的"2014年全球十大光伏组件供应商"排名中，美国和日本各占2席，中国厂商占据6席。

虽然薄膜电池转化率有所提高，但是与晶硅电池效率的差距仍然较大。目前已实现产业化生产的薄膜太阳电池有硅基、碲化镉和铜铟镓硒薄膜太阳电池三类。铜铟镓硒电池的产业化组件效率超过15%，但由于技术原因，目前生产规模较小。硅基薄膜电池和碲化镉薄膜电池的产业化效率仅为 12%，加上近年来市场空间受到晶硅电池的挤压，所占市场份额日益减少。同时，随着原材料价格的降低，晶硅电池价格大幅下降，薄膜电池的竞争优势被大大削弱，光伏市场结构发生了较大变化。2010 年，美国 AMAT 和我国尚德公司相继宣布放弃薄膜电池业务，转向晶硅电池领域。日本三洋和夏普公司也一再推迟其硅基薄膜电池生产业务。在晶体硅电池技术具有明显竞争优势的情况下，薄膜太阳电池产业化发展面临巨大挑战。

二、光伏产业技术路线

光伏技术是利用半导体的光生伏特效应将太阳能转换为电能的新能源技术。光生伏特效应是指 p-n 结在光照作用下形成电流的过程。当半导体 p-n 结接受光照时，产生新的空穴—电子对，在内部电场吸引下，空穴流入 p 区，电子流入 n 区，致使 p 区有过剩空穴，n 区有过剩电子，它们形成与势垒方向相反的光生电场，使得 p 区带正电，n 区带负电，产生电动势，电路接通后形成电流。光伏发电技术路线不同，决定生产组织方式和产业化方向。

1. 主要技术

（1）晶硅太阳能电池生产技术。晶硅太阳电池分单晶硅太阳电池和多晶硅太阳电池，二者区别在于所使用原材料的硅原子晶粒的晶面取向是否相同。决定这一特性的是多晶硅原料的处理环节，单晶硅太阳电池所需单晶硅要经历多晶硅的生长过程，而多晶硅太阳电池则无须该过程（见图 2-2）。

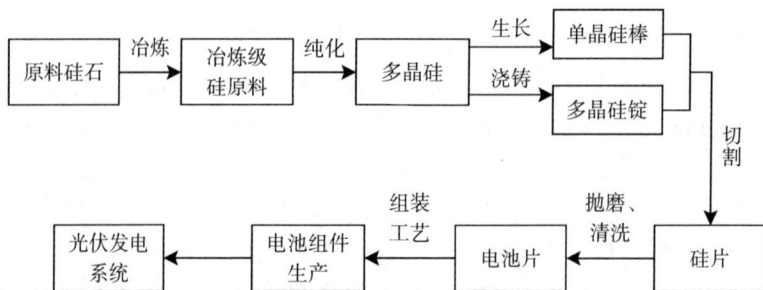

图 2-2　晶硅太阳电池生产技术流程

由硅石原料制备成晶硅太阳电池的工艺程序十分复杂，需要经过原料硅石、冶炼级硅原料、多晶硅、单晶硅棒或多晶硅锭、硅片、电池片、电池组件等环节，经历多晶硅制备、提纯、硅片切割、成品制成和尾气回收等制作工序。

多晶硅制备是整个生产流程中的关键环节，由于工艺、环境成本和技术的限制，该环节是我国晶硅电池制备中的瓶颈。太阳能级硅纯度一般要求达到99.9999%以上，国际上制备高纯度多晶硅的主流技术主要有改良西门子法、流化床法和冶金法。其中，改良西门子法是目前最为成熟的多晶硅制备技术，世界多晶硅生产总量的70%~80%采用此方法生产加工，成为主流工艺技术。该方法是利用氯化氢和工业硅粉合成三氯氢硅，然后进行分离精馏提纯，之后在氢还原炉内进行化学气相沉积反应得到高纯度多晶硅。流化床法是先利用原料四氯硅烷、氢气、氯化氢和工业硅在高温高压流化床内生成三氯氢硅，然后进一步歧化加氢反应生成二氯硅烷，继而生成硅烷气。之后在加有小颗粒硅粉的流化床反应炉内通入硅烷气，发生连续热分解反应后生成粒状高纯多晶硅。冶金法是将纯度较高的工业硅水平区域熔单向凝固成硅锭，然后除去硅锭中的金属、硼、碳和磷等杂质，在电子束溶解炉内直接生成太阳能级多晶硅。近年来，涌现出一批新技术工艺，如无氯技术、铝热还原法、汽—液沉积法等。

提纯后的多晶硅还需要继续转化成单晶硅棒或多晶硅锭才能进一步加工。最常用生产单晶硅棒的工艺是直拉法，该方法是将多晶硅料在石英坩埚中高温熔化后，浸入一根具有一定晶向的籽晶，然后完成一根单晶的生长过程。最常用生产多晶硅锭的工艺是铸锭法，多晶硅料在石英坩埚中加热，经历融化、长晶、退火和冷却过程，完成多晶硅锭的浇铸过程。

硅片切割是把单晶硅棒或多晶硅锭切割成硅片，采用的多为多线切割技术。该技术是将单晶硅棒或多晶硅锭经过表面整形、定向、切割、研磨、腐蚀、抛光、清洗等工艺，加工成符合要求的硅片。

硅片切割完成后的下一环节是生产电池片。这一环节包括诸多工艺，如硅片清洗、表面制绒、扩散制结、去磷硅玻璃、等离子刻蚀、镀减反射膜和丝网印刷等。

电池组件是电池经过封装组合后可以独立作为电源的最小单元，由电池片、金属框架、玻璃盖片、电缆引线和粘结剂等组成。目前，常用的晶硅太阳电池封装工艺一般将钢化白玻璃、乙烯醋酸乙烯共聚物、电池片、虹吸玻璃、乙烯醋酸乙烯共聚物、聚氟乙烯复合膜依次叠起，在层压封装机内封装。

（2）薄膜太阳电池生产技术。薄膜太阳电池生产环节与晶硅电池区别较大，生产工艺流程相对复杂（见图2-3），主要包括以下4种关键技术：清洗、激光、沉积薄膜和测试技术。

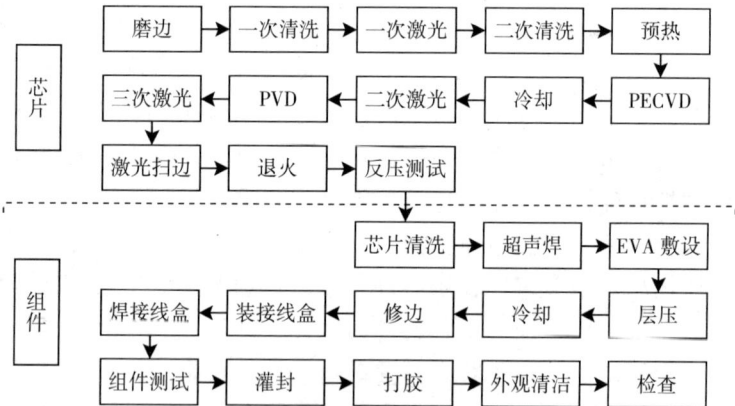

图 2-3　薄膜电池生产工艺流程

清洗环节是清洁原料表面以满足后端工艺要求，避免影响膜层质量和设备正常使用寿命。激光技术的应用主要体现在三次激光和激光扫边环节。其中，三次激光的作用不同：第一次激光是分割透明导电氧化物镀膜玻璃，第二次激光是建立单元与单元的连接通道，第三次激光是将膜层划分为若干单元并建立串联连接。激光扫边是在绝缘处理的过程中使用高能量激光进行清边处理。沉积薄膜技术在生产环节中包括两种，即等离子增强化学气相沉积法（PECVD）和物理气相沉积法（PVD）。PECVD是通过外加射频能量电离气体产生等离体，从而实现在较低温度下沉积薄膜。PVD是在真空条件下利用辉光放电过程中形成的荷能粒子轰击靶材表面，质被轰击出的粒子在基片上形成薄膜。测试技术主要包括反压测试和组件测试。反压测试是对电池单元施加反向电压，利用焦耳热现象消除短路。组件测试是通过太阳模拟器进行光伏组件测试过程，主要测试电池的电性参数。

2. 光伏发电系统

太阳电池制备完成后，还需与光伏发电系统结合才能应用。光伏发电系统主要包括蓄电池、控制器、逆变器等设备。蓄电池贮存太阳能电池阵列产生的电能并在需要时向负载供电。控制器是对太阳电池产生电能进行调节和控制，并可以自动防止蓄电池过充电和过放电，在温差较大时还具有温度补偿功能。逆变器是将太阳电池阵列产生的直流电转换成负载所需的交流电的电能转换装置，是发电系统的重要设备。按照其是否并入电网，光伏发电系统可以分为离网光伏发电系统和并网光伏发电系统。离网光伏发电系统是指带有蓄电池组，可以独立运行且未并入电网的光伏发电系统（见图2-4），如偏远地区的家用供电系统、太阳能路灯、通信信号电源等不与电网连接的发电系统。

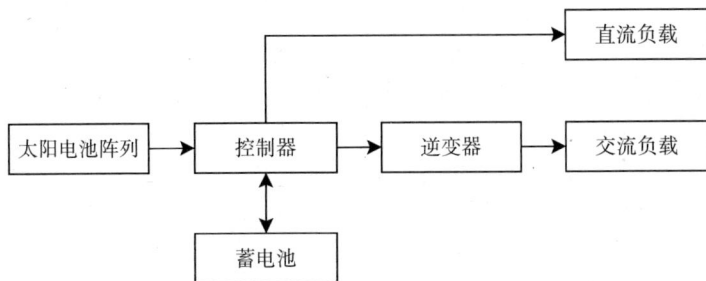

图 2-4　离网光伏发电系统

　　并网光伏发电系统是指可以将电能通过并网逆变器输入公共电网的光伏发电系统，可以分为带储能装置和不带储能装置的并网光伏发电系统（见图2-5）。带有储能装置的光伏发电系统可以用作紧急通信电源、加油站、医疗设备等主要或应急负载的供电系统。不带储能装置的并网光伏发电系统主要用于光伏发电站。目前，我国光伏发电站可以分为两大类：一类是集中在西北的大型光伏电站，这类电站所发电力主要通过电网对外输送；另外一类电站是主要集中在人口、工业密集区域的分布式光伏电站，这类电站主要是小型电站，所发电力均在当地使用或者上网。

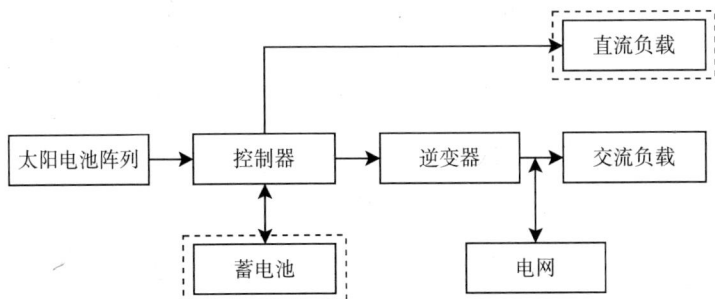

图 2-5　并网光伏发电系统

三、产业技术路线图

我国光伏产业近年已初具规模。目前，我国实现产业化光伏技术和产品主要有：晶硅太阳电池、硅基薄膜太阳电池、铜铟镓硒薄膜太阳电池和碲化镉薄膜太阳电池。

1.晶硅太阳电池产业技术路线图

在了解晶硅太阳电池产业需求基础上，本章提出 2020 年在关键设备制造方面和新型技术产业化方面实现突破的目标及相应技术路线图（见图2-6）。具体而言，在多晶硅制备环节，实现西门子制备法向硅烷流化床法的升级；在多晶硅锭和单晶硅棒生产环节，实现高质量、大尺寸生产目标；在硅片生产环节，实现金刚石钢线硅片切割技术的应用；在电池制造和组件生产环节，实现新型制备技术的研发和应用。通过以上技术和设备的突破，到 2020 年，实现单晶硅转换效率 23%，多晶硅转换效率 19%，硅消耗量<3g/W 的高效低成本生产。

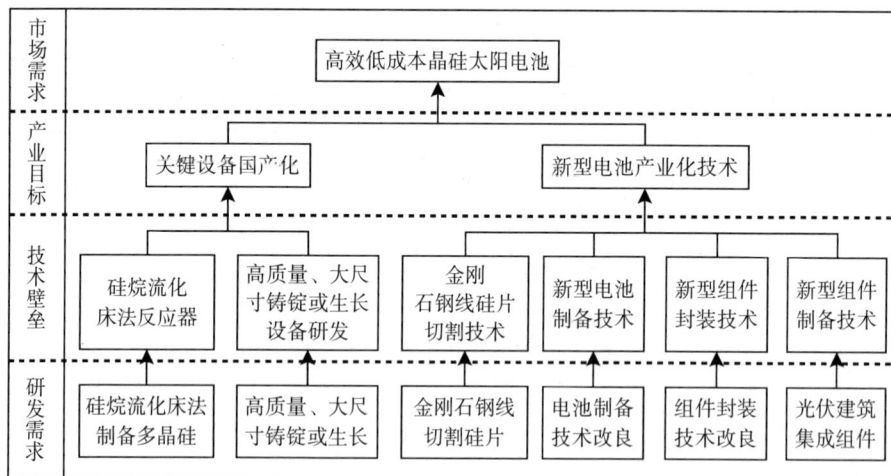

图 2-6 2020 年晶硅太阳电池产业技术路线图示

2.硅基薄膜太阳电池产业技术路线图

结合硅基薄膜太阳电池的现有技术和市场需求，本章设计 2020 年实现关键设备国产化和新型技术自主研发目标及技术路线图。从图 2-7 可以看出，在原材料制备环节，实现制备技术国产化；在镀膜和激光刻线环节，实现设备的自主研发国产化；在封装工艺环节，实现高可靠封装工艺的突破。同时，加强薄膜多晶硅技术的研发和产线整合能力的提高，实现转换效率12%的高效低成本生产目标。

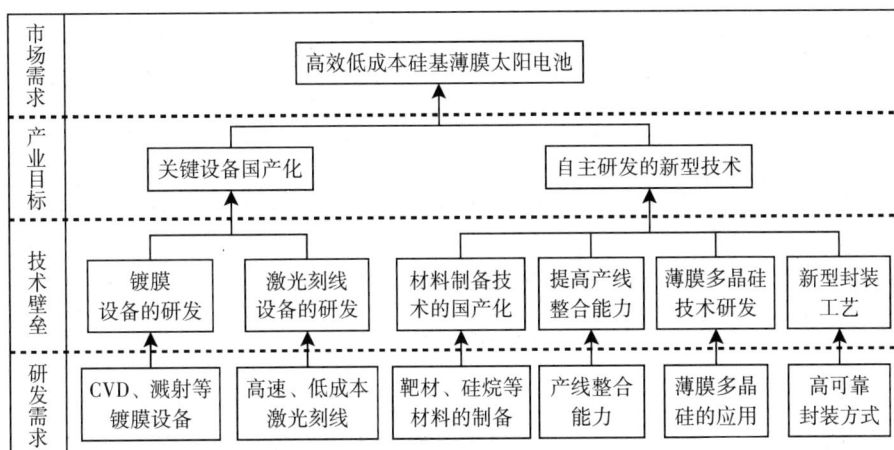

图2-7　2020年硅基薄膜太阳电池技术路线图示

3. 铜铟镓硒薄膜太阳电池产业技术路线图

根据该产业市场需求和技术发展需求，本章提出2020年实现高效低成本的设备制备和技术工艺突破目标，其技术路线图如图2-8所示。原材

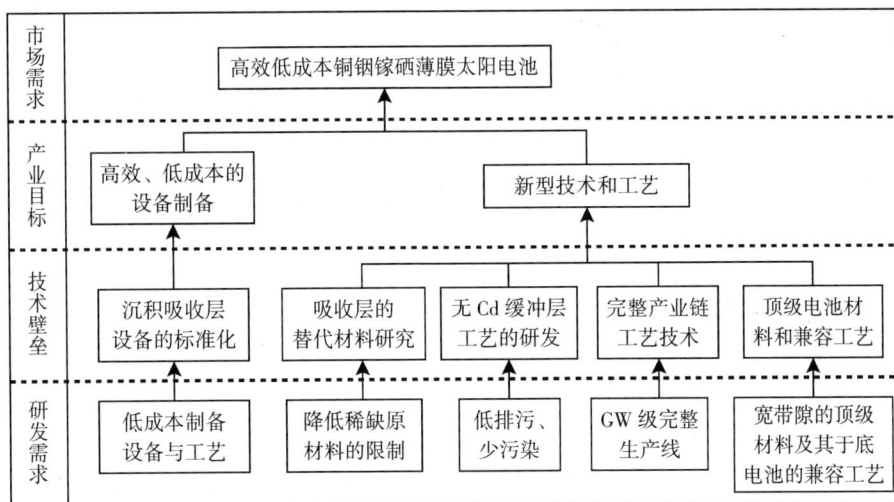

图2-8　2020年铜铟镓硒薄膜太阳电池技术路线图示

料制备方面，实现稀缺材料替代的技术突破；设备制造方面，实现设备的标准化；新型工艺研发环节，实现自主知识产权技术的掌握。同时，实现GW级完整产业链的建设，达到15%的转换效率。

4. 碲化镉薄膜太阳电池产业技术路线图

在现有技术和市场基础上，制定2020年实现关键设备国产化和自主研发新型技术的目标和技术路线图。由图2-9可见，设备制造方面，实现关键设备标准化和国产化；工艺技术方面，实现自主研发。同时，实现MW级完整产业链的建设，达到14%的转换效率。

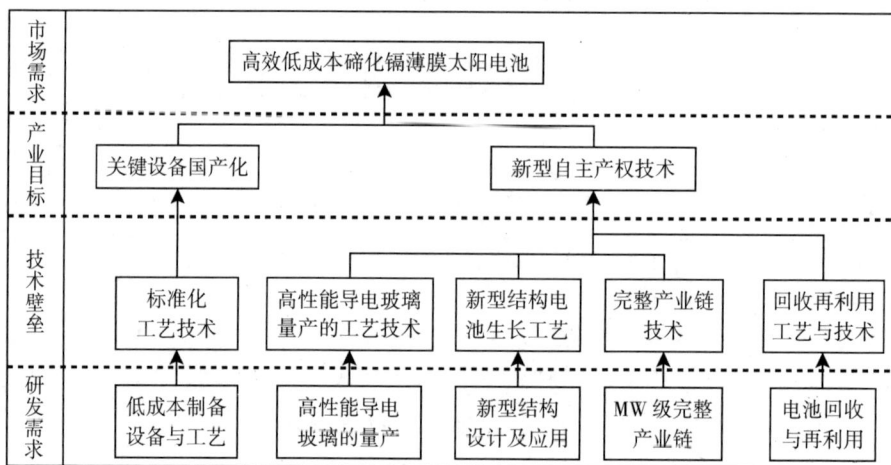

图2-9　2020年碲化镉薄膜太阳电池技术路线图示

第三节　光伏技术发展趋势

各国能源战略普遍将太阳能视作重要可再生能源。因此，主要工业化国家不断加大该领域的科研投入，以争取世界领先的技术地位。随着竞争日益激烈，全球太阳能产能布局已趋于饱和状态，各生产厂商日益将精力集中在提高产品转化率和降低生产成本等技术创新领域。中国光伏产业起步虽较晚，但在国家一系列政策扶持下，发展迅速，已成为名副其实的光伏大国，在产业链下游形成了较强的国际竞争力，并占据世界光伏市场较大份额。

一、中国光伏技术进展

晶硅太阳电池是已产业化生产的太阳能电池中光电转换效率最高、技术最为成熟的太阳能电池。目前，我国单晶硅电池平均转换效率达到了19.3%，多晶硅电池产业化生产的平均转换效率达到了17.8%，处于世界领先水平。但生产环节中的多晶硅制备和硅片制造环节与国际先进水平差距仍然较大。在关键的多晶硅制备环节中，国内大多采用三氯氢硅西门子法，而国外已经开始使用第三代生产工艺，该工艺的关键技术是尾气回收及四氯化硅的转化。这种核心技术仅掌握在美、德、日等国手中，虽然我国在尾气回收技术方面有企业拥有自主研发技术，但能耗较高，转化率低，与国外现有水平还有很大差距。在硅片制造环节，我国切片技术经过生产实践已经居世界领先水平，但主流切片设备尚依赖进口，制约了相关企业的发展。总体来说，我国企业在一定程度上掌握了晶硅太阳电池多晶硅制备和硅片切割技术的中低端水平，但在生产工艺上有较大差距。

由于硅原料价格的上涨性，近年来薄膜太阳电池快速发展。目前，我国薄膜太阳电池技术主要受成本较高、转换效率低和部分原材料污染严重等因素限制。其中，光电转化效率的提高是各类薄膜电池未来发展亟须解决的技术难题。另外，碲化镉太阳电池的各层材料工艺和电池结构也有待继续提高和优化。就聚光太阳电池而言，产品可靠性和成本面临技术挑战。此外，薄膜太阳电池存在优化太阳电池结构，提高光伏聚光器和光伏并网逆变器的性能等尚需解决的技术难题。

光伏发电的发电量和效能会受太阳光的直接影响，无法实现24小时持续运转。尚未彻底解决储能问题的光伏发电站，只能作为调峰电站进行间歇性发电。这对于需要保持常年稳定载荷的电网会造成巨大损伤，甚至还会由于电网负载不稳定导致跳闸，影响区域供电安全。迄今为止，发电站的光能储存和离网发电的光能储存成本高等储能问题是仍未攻破的技术难关。对于其他光伏产品来说，储能装置价格较高，提高了产品成本。因此，储能成为制约我国光伏发电技术推广的技术瓶颈。

为解决以上问题，近年来国内一些大型光伏企业先后设立了独立研发部门，从事新结构、新技术研究，如尚德、晶澳、英利等公司。现阶段我国一方面要消化国外太阳电池的先进技术，加快自身研发进度；另一方面要加大关键领域的研究投入，采取产学研结合发展模式，获得相关自主知识产权。同时，还应避免低水平重复建设，争取早日突破技术瓶颈，真正掌握核心技术，争取在新型材料利用、装备轻型化、电池厚度减薄、产品制造自动化水平提升、发电系统优化等技术创新领域占据技术领先地位。

二、技术发展方向

太阳电池光电转化效率的提高和生产成本的降低是现阶段乃至未来相当一段时间光伏发电的发展方向。光伏产业核心技术和生产工艺的突破不仅可以提高光电转换效率，还可以大幅降低发电成本，减少生产过程中的环境污染，推动光伏产业的应用和普及。表2-2对2050年光伏系统一般技术指标做出预测，包括转换效率、使用寿命、能源回收期等。据国际能源署预计，2050年，典型商业平板效率可以增长至40%，寿命可以增加到40年，能源回收期将降低至0.5年。

表2-2 光伏产业技术指标预测

一般技术指标 \ 年份	2020	2030	2050
典型平板组件效率	23%	25%	40%
使用寿命	30 年	35 年	40 年
系统能源回收期 (1500kWh/kWp)	1 年	0.75 年	0.5 年

资料来源：Technology Roadmap-Solar Photovoltaic Energy, IEA.

目前，全球市场85%~90%的光伏组件采用硅基晶片，并且预计这种情况将会长时间维持，甚至到2020年仍然会拥有超过50%的市场份额。原因在于晶体硅光伏组件可靠性高、寿命长以及原料储备丰富。未来晶体硅光伏组件技术需要在提高转换效率、改良电池组概念、制造自动化和减少资源消耗等方面实现技术突破（见表2-3）。

而从薄膜电池的演进来看，第一个薄膜电池是在早期非晶硅单结电池基础上，应用串联和三联，由非晶硅制成的电池结构。之后又通过将单晶硅和多晶硅薄膜结合制成微晶硅来提高转换效率。除了硅基薄膜技术，发展较快的还有Ⅱ-Ⅵ族化合物半导体领域的铜铟镓硒和碲化镉技术。目前来看，薄膜电池亟须实现的技术突破主要是转换效率的提高，表2-4为国际能源署对薄膜技术前景的预测。

表2-3　晶体硅技术研发目标

时间 晶体硅技术	2015~2020	2020~2030/2050
效率指标	单晶硅：23%	单晶硅：25%
	多晶硅：19%	多晶硅：21%
工业制造方向	硅消耗量<3g/W	硅消耗量<2g/W
研发领域	新型硅材料及工艺	芯片替代技术
	电池触点，发射器及钝化处理	新型概念的设备结构

资料来源：Technology Roadmap–Solar Photovoltaic Energy，IEA.

表2-4　薄膜技术前景及关键研发议题

时间 薄膜技术	2015~2020	2020~2030
效率指标	薄膜硅：12%	薄膜硅：15%
	铜铟镓硒：15%	铜铟镓硒：18%
	碲化镉：14%	碲化镉：15%
工业制造方向	简化制造工艺	大规模高效率生产
	低成本封装	制造材料可行性
	有毒材料管理	组件循环利用
研发领域	改进电池结构	先进材料及概念
	改善沉积技术	

资料来源：Technology Roadmap–Solar Photovoltaic Energy，IEA.

聚光太阳电池技术可以实现用较少的太阳电池来收集太阳辐射，进而实现高效利用太阳能。但其光学系统、跟踪系统、组件集成度、制造和安装过程都需要投入大量研发资金和人力。对于聚光太阳电池来说，研发和制造的高额成本等技术限制有待攻破。

展望光伏技术未来的前景，新型技术主要包括有机太阳电池技术和先进无机薄膜技术。有机太阳电池领域包含燃料敏化电池和完全有机技术等，无机硅薄膜技术主要包括铜铟硒和砷化镓薄膜技术等。另有一种基于热—光伏概念的新兴光伏技术，这种高效光伏电池与热辐射源的结合将会在未来技术领域起重要的作用。新型光伏技术通过开发能够很好地与太阳光谱匹配或者调整摄入的活性层，实现超高效太阳能利用。该技术是建立在纳米材料和纳米技术进一步发展的基础上，现阶段仍处于基础研究阶段，需要大量基础和应用研发投入（见表2-5）。

表 2-5　聚光技术以及新兴、新型技术前景和重点研发领域

技术类型	聚光技术	新兴技术	新型技术
电池种类	高成本，超高效率	低成本，性能适中	极高效，全光谱利用
地位及前景	23%交流电系统效率	验证阶段的新型技术	各种类型实验室阶段的新型转换理论
	中期达到30%	应用市场中的第一次应用	待再突破系列
研发领域	超高效率超过45%	效率和可靠性达到商业应用水平	新型转换概念的理论证明
	光学聚光及跟踪实现低成本、高性能	有机封装	纳米结构材料设备，加工

资料来源：Technology Roadmap-Solar Photovoltaic Energy，IEA.

第四节　产业组织特点

一、光伏产业组织特点及其影响因素

产业组织是一个产业得以运行、发展必须具备的结构框架，也是特定产业形成进入或退出壁垒的重要影响因素之一。不同产业因其技术水平、政策环境等因素存在一定差别，形成了独特的产业组织。由于产业链不同环节的技术门槛差别较大、成本构成不同、产业变动受政策影响较大，光伏产业在全球产业布局、企业规模、竞争态势等方面表现出鲜明的组织特性。

整个光伏产业按照生产技术、原料种类等可以分为上游、中游、下游三个不同的产业链环节。其中，产业链上游主要是原料供应环节，包括单晶硅、多晶硅和薄膜在内的电池原料供应等环节；中游是零部件制造，包括组件、硅片、硅棒等发电专用设备零部件以及配套设备（蓄电池、控制器、逆变器等）等零部件的生产供应；下游则是整机组装制造和产品销售环节，包括属于整机组装制造环节的电池、控制器、蓄电器、逆变器、跟踪控制系统生产以及属于产品销售环节的下游服务企业及电力输送部门。总体而言，光伏产业链上各个环节的技术难度从上游到下游依次降低，资本密集程度逐级下降，与之相对应的是各个环节上的利润率以及企业进入

壁垒也表现出梯次下降特点。

光伏全产业链生产的产品主要包括光伏模块及组件、光伏模块及组件生产、农村光伏发电系统、光伏设备安装及配件、并网光伏系统及光伏输配电器材等；光伏电源/电池、充电器、控制器、逆变器、水泵、太阳能发电系统、太阳能转换设备、燃料电池、硅太阳电池、薄膜太阳电池、多晶硅单晶硅电池/原材料、光伏幕墙玻璃、电池板切割机、检测设备、各种炉子；风—光—柴—蓄互补电站系统、光伏海水淡化系统、太阳能电动车、光伏制氢系统、光伏发电系统计算机应用软件；光伏发电系统检测设备。这些环节大致归类，形成"5+1"模式。其中，"5"即晶体硅原料提纯、硅锭硅片生产、光伏电池制作、光伏电池组件生产、系统安装和集成商，"1"则是每个环节相对应的设备和制造商。

在光伏全产业链上，对技术水平要求最高的就是晶硅原料提纯与生产，而对光伏产业链起到重要链接作用的是光伏组件的生产。晶硅原料提纯后用于生产太阳能电池，太阳能电池则是光伏组件的重要组成部分。根据 NPD Solarbuzz 最新 PV Equipment Quarterly 季度报表，2014 年的光伏组件产量达到 50GW。而一旦全球光伏组件产量达到 50GW，将比 2013 年的 39.8GW 增长 20%，超过 2013 年 12%的增速。

与产品产量直接相关的衡量指标是产品价格及成本。2014 年，多晶硅原料价格约为 20 美元/千克，与 2013 年基本持平，但比 2012 平均水平下降约 15%；家用多晶硅并网太阳能光伏电池组件价格约为 0.4 美元/瓦，比 2013 年下降 43%。以上列示的产品价格基本都是市场上已经成熟应用、技术精密度一般的原料及组件。在技术含量较高的光伏产品市场上，根据 Trend Force 公司旗下研究部门 Energy Trend 2014 年 1 月发布的数据，亚洲地区对于高效太阳能硅片持续加强的需求使得高效能硅片的平均市场售价在该年 2 月达到每片 1 美元左右。加之新兴经济体光伏市场规模不断扩大，高阶硅片价格于 2014 年底开始呈回升趋势。[①]

---

① 资料来源：北极星太阳能光伏网；Renewable 2013 Global Status Report；Global Market Outlook for PV until 2015；Energy Trend。

二、光伏产业组织演进

1. 光伏产业对政策变动较为敏感，市场变动的政策相关性较高

光伏产业发展至今，仍属于较为典型的政策导向型产业，各国光伏产业的变化，都表现出与其产业政策出台、变动方向较高的相关性，整个产业对相关政策的变动高度敏感。各国光伏装机容量在某一时期的大幅度涨跌，都可以在相应时期该国光伏产业政策变动中找到依据，全球光伏市场装机容量的变动也同样受主要光伏市场国家产业政策变动合力影响。因此，全球光伏产业的变动在一定程度上可以视为全球主要光伏产业政策的作用结果，变动方向与主要市场政策变动合力方向一致。

2005~2014 年，全球光伏市场发展速度大致可以划分为三个阶段，主要变化节点分别为 2009 年和 2012 年。2005~2009 年，全球新增光伏装机容量变化比较平稳，始终保持在 10GW 以下；2010~2012 年，全球光伏市场扩张速度加快，不仅新增光伏装机容量进入 10GW 增长水平，而且年扩张速度成倍增长，2010 年和 2011 年新增光伏装机容量同比增长约 1 倍；2013 年开始，全球光伏市场进入新的迅速增长阶段，年新增光伏装机容量达到约 40GW。将全球新增光伏装机容量变化趋势与主要光伏市场变化趋势进行比较，很显然，全球光伏市场变化的三个阶段与同时期主要光伏市场分布、该光伏市场政策变化及其趋势存在较高的一致性。

2005~2009 年，全球光伏市场与欧盟光伏市场变化趋势基本一致，整个市场呈现稳中有升状态，2008 年出现了一次明显扩张。这一时期，欧盟占全球光伏市场的份额为 50%~70%，中国、美国等国家的光伏市场还处在起步阶段，欧盟光伏市场的变动基本决定了全球光伏市场的变化。2009 年以前，德国、西班牙等传统光伏市场国家通过对光伏产业提供低息贷款、上网电价等方式，对不同规模的光伏电站进行补贴，使这一时期欧盟光伏市场保持了上升态势。

2010~2012 年，全球光伏市场进入迅速扩张时期，主要市场势力仍然集中于欧盟光伏市场，但以中国、美国为代表的新兴光伏市场开始发力。因此，2010~2012 年全球新增光伏装机容量的加速上升得益于欧盟传统市场和新兴光伏市场的共同贡献。首先，欧盟光伏市场扩张主要由于国内此前出台的产业政策大部分到期执行以及未来几年内预测的产业政策激励的减少。受政策变化预期影响，几乎整个欧洲光伏企业都采取了抢先安装的

举措，抢装明显导致整个欧洲光伏市场乃至全球光伏市场新增光伏装机容量的爆发性增长。这些到期的政策，以德国为例，主要包括：2004 年颁布的《可再生能源法》规定最迟 2009 年政府对新能源行业的补助将逐渐减少；2010 年 7 月，决定削减其上网补贴电价，屋顶太阳能的上网回购电价从 7 月 1 日起逆向削减 13%、针对开阔地太阳能项目的鼓励资金将削减 12% 等。以中国、美国为代表的新兴光伏市场国家为加快推动本国光伏产业发展，陆续出台一系列强有力的产业扶持政策，点燃国内光伏项目投资热情。例如，美国联邦政府先后制定出台了《千万太阳能屋顶计划》、《光伏投资减免税政策》；中国各主要国家部委先后出台《关于完善太阳能光伏发电上网电价政策的通知》、《关于做好金太阳示范工作的通知》、《关于申报分布式光伏发电规模化应用示范区的通知》等产业扶持政策。这些举措形成了强有力的政策刺激，带动了新兴光伏市场的发展。

2013 年开始，全球新增光伏装机容量又出现了新一轮扩张，但这一轮新增光伏装机量的上升则由欧洲地区主导转为以中国为代表的新的光伏市场引领。2012 年以来，欧洲整体新增光伏装机容量增速下滑，而同一时期中国的光伏市场不断提速，在一定程度上弥补了欧洲市场发展速度的减缓趋势，确保全球光伏市场的新增光伏装机容量在这一时期保持了平稳增长趋势。2013 年，中国政府出台的相关光伏产业政策开始发挥政策效力，光伏装机容量开始大幅度上升。根据 EPIA 统计数据，2013 年，中国新增光伏装机容量 11.8GW，是 2012 年新增光伏装机容量的约 3.4 倍，超过同年整个欧洲光伏市场新增光伏装机容量约 1GW。而这一时期以德国为代表的欧洲光伏市场开始逐步削减政策性补贴，着力推动光伏产业向市场导向型转变。据不完全统计，2012~2013 年，中国国务院及相关部委出台的全国性政策文件多达 20 余项，这些政策的出台和发布向光伏市场传递了积极的发展信号，各地方政府也出台相应的配套政策扶持本地光伏企业发展。2012~2013 年，中国新增光伏装机容量从 3500MW 上升至 11800MW，增长了将近 2.4 倍，同时也直接带动了全球光伏市场新增装机容量的大幅度上涨。

2. 光伏产业链上游技术壁垒较强，产品生产企业分布集中

由于光伏产业链各环节对技术水平要求相差较大，不同环节的生产区域在全球分布显现出比较集中的特点。以韩国、美国、德国为代表的高纯度多晶硅生产技术领先企业占据这产业链上游环节，而中国成为产业链中

下游主要供给方。

以 2014 年诸国进口高纯度多晶硅相关数据为例。2014 年，中国全年累计进口多晶硅 10.21 万吨，同比增长 26.7%；自韩国、美国、德国三国共进口多晶硅 8.7 万吨，占总进口量的 85.2%。其中，从韩国进口量为 3.57 万吨，占总进口量的 35.0%；从美国进口量为 2.1 万吨，占总进口量的 20.6%；从德国进口量为 3.02 万吨，占总进口量的 29.6%；从其他地区进口量为 1.51 吨，占总量的 14.8%。另据中国行业咨询网的数据，2014 年，全球多晶硅产量约为 27.8 万吨，中国多晶硅进口量占全球产量达 36.73%，超过全球多晶硅进口量的 1/3。可见，全球光伏产业链上游生产，仍主要集中在技术水平先进的发达国家。中国虽然在全球光伏市场新增光伏装机量中所占份额不断扩大，国内大型光伏企业在全球市场排位逐步提升，但是产业链上游的多晶硅生产环节发展迟缓，总体技术水平落后。

而在产业链中下游的组件生产和出口环节，中国企业表现十分抢眼。2014 年，全球光伏组件出货量约为 49GW[1]，同期中国排在前五位的光伏组件生产商（天合光能、英利绿色能源、阿特斯、晶科能源、晶澳太阳能）的组件出货量就已经达到 15.61GW[2]，占全球光伏组件出货量比重高达 32%。

3. 行业领先企业规模较大，垂直一体化程度高

根据 2014 年全球光伏企业排名，位于前五的企业分别为天合光能、英利绿色能源、阿特斯、晶科能源、晶澳太阳能。这五家全球大型光伏企业都是中国企业，而美国、韩国、日本的大型光伏企业，例如 First Solar、韩华新能源和京瓷则分别位列第 8、第 9、第 10 位。其中，前五家企业的主营业务涉及硅片、光伏组件及大型光伏电站的生产、销售、建设与运维。整个产业内的大型光伏企业生产经营活动涉及了光伏产业全产业链内容，企业规模较大、垂直一体化程度高（见表 2-6）。

行业内领先企业选择垂直一体化发展模式，主要是因为这种公司经营组织方式具有不可忽视的优点。首先，规模效应能够降低企业生产成本，在太阳能电池板、组件等产品的利润趋于透明化的趋势下，通过较低的生产成本提升企业竞争力。其次，垂直一体化经营将产业链各环节的市场交

---

① 资料来源：中国产业洞察网。
② 资料来源：根据各公司网站整理。

表 2-6　全球最大五家光伏企业基本情况

名称	业务范围	组件出货量 *
天合光能	单晶硅棒、硅片、电池、高质量组件和系统安装	3.66GW
英利绿色能源	硅太阳能电池及其相关配套产品、风机及其相关配套产品、热发电产品、控制器、逆变器、兆瓦级跟踪器的研发、生产、销售、技术咨询及服务；太阳能光伏电站工程的开发、设计、安装、施工	3.35GW
阿特斯	硅锭、硅片、太阳能电池片、太阳能组件和太阳能应用产品的研发、生产和销售，以及太阳能电站系统的设计和安装	3.11GW
晶科能源	硅锭、硅片、电池片生产以及高效单多晶光伏组件制造	2.9GW
晶澳太阳能	高转换率太阳能电池片等高性能太阳能产品的设计、开发、生产和销售	2.4GW

注：出货量 * 为 2014 年数据。
资料来源：根据各公司官方网站信息整理。

易变成公司内部交易，降低了信息不对称、交易费用高、产权界定不明晰等问题给企业经营造成的风险。最后，高度的垂直一体化经营，将原材料供应、产品生产、销售及电站运维等配套服务都涵盖在企业本身生产经营范围内，避免受到相关环节企业的制约，有效规避了因上下游环节供应不及时、沟通不畅造成的制约和风险。以天合光能为例，2011~2014 年，公司毛利率分别为 16.24%、4.41%、12.29% 和 16.87%。即使在全球光伏市场增速较缓、国内开工率较低的 2012 年，公司仍然保持了 4.41% 的毛利率。天合光能的经营稳定就来源于全产业链各环节的垂直一体化经营，公司产成品的原料供应不受其他公司供货情况制约。

2015 年，全球光伏企业排名发生了新变化。从营业收入看，美国企业 First Solar 排名第一，当年其营业收入达 36 亿美元，成为全球最大的太阳能光伏企业。在榜单前 10 强中，中国企业虽然夺得 6 个席位，较 2015 年增加 1 家企业，但企业总体排名有所下滑，这与国内经济下行以及价格竞争加剧有关。另外，美国共有 2 家企业位列 10 强，另外日本和韩国各有 1 家企业入围榜单 10 强（见表 2-7）。

表 2-7　2016 年全球光伏企业 10 强（综合类）

序号	公司名称	所属国家	营业收入（百万美元）
1	First Solar, Inc.	美国	3600.00
2	阿特斯阳光电力有限公司	中国	3467.63
3	常州天合光能有限公司	中国	3000.00

续表

序号	公司名称	所属国家	营业收入（百万美元）
4	协鑫（集团）控股有限公司	中国	2866.26
5	晶科能源控股有限公司	中国	2477.93
6	Sharp Corporation	日本	2249.86
7	晶澳太阳能控股有限公司	中国	2006.69
8	Hanwha Group	韩国	1799.50
9	SunPower Corp.	美国	1576.50
10	英利绿色能源控股有限公司	中国	1541.00

资料来源：PVP365。

第三章 产业链构成、市场竞争态势 与政策环境

随着光伏技术不断成熟和产业快速发展，全球产业链和产业价值链日渐完善。从其主打产品来看，蓝晶易碳处于光伏产业链下游，属于终端产品制造和销售环节。这一环节市场竞争激烈，聚集了一批大企业。因此，要想在蓝海中脱颖而出，必须采取差别化策略，积极寻求利基市场，为企业可持续成长赢得空间。

第一节 光伏产业链构成

一、不同光伏技术路线下的产业价值链

光伏产业链一般可以划分为上游、中游和下游三个部分。如图 3-1 所示，上游主要包括硅材料和其他材料的提炼生产环节，中游主要包括硅片、电池及组件的生产制造环节，下游则主要为光伏系统的应用环节。

1. 晶硅太阳能电池产业链

晶硅太阳能电池产业链涵盖化工、机械、电子、装备制造和能源等多个产业，可以分为上游的原料供应环节，中游的硅锭/硅棒、硅片、电池片、组件制造环节和下游的发电系统应用环节。其中，中上游环节具有该产业链的特殊性，下游发电系统应用环节则与薄膜太阳电池该环节基本相似。

晶硅太阳能电池产业链中各个环节所生产的产品都能够作为独立产品进入市场，使得该行业具有一定的灵活性，这意味着产业链上的企业既可

以销售硅片、电池片等中间产品，又可以通过产业链向下游延伸生产销售发电系统产品。从全球范围看，晶硅太阳能电池产业链上游和中游的厂商结构呈金字塔形，位于最上端的硅原料生产厂商数量较少，位于最下端的电池组件生产厂商数量较多（见图3-2）。

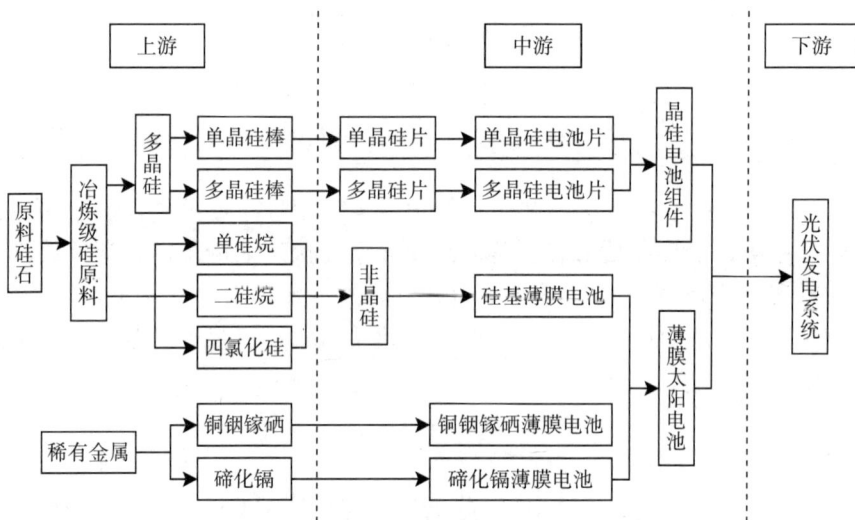

图3-1　太阳能光伏产业链

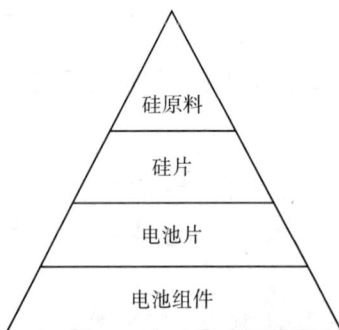

图3-2　晶硅太阳能电池产业链结构

考察晶硅太阳能电池构成，主要有以下特点：

（1）硅原料生产环节是光伏产业链最上游环节，技术难度最高。2014年，国内多晶硅产量约13万吨，进口约9万吨。目前，我国从事该环节生产和研究的机构和企业较少，主要有峨嵋半导体材料研究所、四川新光硅业和洛阳中硅等。世界范围内从事该环节大规模生产的企业也为数不多，代表性企业有美国 MEMC、Hemlock、德国 Wacker、日本三菱、Sumitomo、住友、Misubishi 和挪威 REC。这 8 家公司多晶硅总产量占世界总产量的 95% 以上，基本垄断了世界市场多晶硅供应。由于该环节专利垄断构筑起高技术门槛，其他企业进入难度较大，形成与之抗衡的产能更是难上加难。因此，多晶硅生产环节的全球市场呈现寡头垄断的组织格局。

（2）硅片生产环节技术门槛较低，生产设备我国已基本实现国产化。国内大多数企业比较容易接受硅片切割环节的性价比，投资该行业的企业较多，逐步形成了一批具备大规模生产晶硅片能力、竞争力较强的硅片生产企业，如江西赛维 LDK、保定天威英利等。但现阶段硅片厂商技术实力差别较大，该领域仍有一些实力弱的小企业。总体来说，国内企业也呈现出垄断偏强的垄断竞争格局。

（3）中国晶硅太阳能电池产能快速扩张，已成为全球最大的太阳能电池制造国。从电池制造环节来看，这一环节生产自动化程度高，设备依赖性强。中国企业在该环节展现出较强的国际竞争力，在 2014 年全球产量排名前 10 的企业中占据 6 席。虽然我国从事该环节生产的企业较多，但水平参差不齐，总体呈现出竞争偏强的垄断竞争格局。

（4）组件生产环节的资金要求和技术含量较低，竞争激烈。组件生产属于劳动密集型产业，我国相关企业凭借充足的劳动力供给而迅速发展。2014 年，中国光伏电池组件总产量超过 3300 万千瓦，同比增长 17%，出口占比约 68%。同时，由于该环节产品附加值不高，利润比较低，而且其下游产业的市场化程度较低，组件产品大多数仍是出口国外，导致该环节产能过剩普遍，企业竞争力较弱。据统计，目前国内从事组件生产的企业大约有上万家，接近于完全竞争市场。

2. 薄膜太阳能电池产业链

薄膜太阳电池产业链主要包括上游原料供应环节，中游电池模组制造环节和下游发电系统应用环节。与晶硅太阳电池产业链相似，薄膜太阳电池产业链中各个环节所生产的产品也都能够直接进入市场。从全球范围看，从事上游原材料供应环节和下游发电系统应用环节的企业数目较少，中游电池模组环节中的企业数目较多。在原料供应环节，企业产品主要有导电玻璃、光伏玻璃、EVA 胶膜、特殊气体以及镀膜靶材等。由于国内光伏发电采用薄膜技术的企业较少，对薄膜太阳电池产业链控制力较弱。

● 导电玻璃。导电玻璃主要生产商有美国 AFG、日本 Aasahi 和 NSG 等，而国内目前只有中国科技发展集团等少数企业能够生产导电玻璃，国内市场的大量需求只能依赖进口。

● 光伏玻璃。光伏玻璃分为衬底沉积用和组件封装用两种，衬底沉积主要采用超白玻璃，组件封装则因各企业工艺不同而采用一般玻璃、钢化玻璃或者硼硅玻璃。超白玻璃国外厂商主要有美国 PPG、日本 Aasahi 等，国内主要有与上述国外企业合资的金晶集团、常熟耀皮、中玻太仓等企业以及河南裕华、东湾南玻、信义超白等自主研发企业。组件封装用的钢化玻璃与超白玻璃供应商基本一致，一般玻璃和硼硅玻璃生产厂商则较多。

● EVA 胶膜。乙烯醋酸乙烯共聚物（EVA）胶膜市场上，美国杜邦产能占全球比重较大，处于寡占地位。国内虽然也有不少企业生产 EVA 胶膜，且价格低于进口，但质量与国外尚有较大差距，难以与杜邦公司形成竞争。

● 特殊气体。沉积非晶硅薄膜所用的特殊气体包括本征用四氢化硅、掺杂用 PH_3 和 TMB、改良用 CH_4 和 H_2 和其他用 Ar 和 N_2。其中，四氢化硅为主要原料，所占成本也最高，目前四氯化硅生产商主要有美国 REC Group 和 MEMC、日本三井化学等。中国企业对四氢化硅的需求不大，大部分企业依赖进口。

● 镀膜靶材。镀膜靶材市场与其他原料相似，目前被欧美日少数几家企业垄断。全球最大的镀膜靶材供应商是德国 Heraeus，国内企业多数为进口。

二、价值链构成与利润分布

光伏产业链各环节技术难度、要素密集度、生产规模和投资周期不同，导致各个环节进入壁垒的差异，使其市场结构和价值结构各不相同。一般来说，行业进入壁垒越高，企业数量越少，其价值水平越高。从这个分析角度来看，整个光伏产业的价值分布呈微笑曲线分布（见图3-3）。在光伏产业价值链中，由于资金和技术等问题造成的硅材料提纯和系统应用环节的高进入壁垒使得这两个环节价值量最高。而中游太阳能电池生产与组件封装环节进入门槛较低，其产业价值量也较低。总体来说，光伏产业链总体呈现两头高价值量、中间低价值量的产业价值链布局。

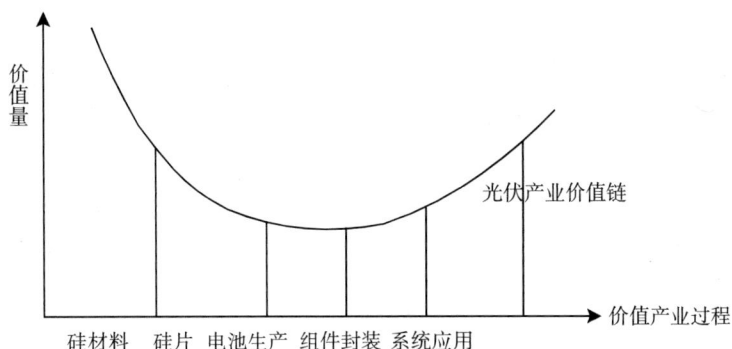

图 3-3　光伏产业价值链

电池模组制造环节是将太阳能电池片、封合材料、保护用强化玻璃和背面片、金属外框架以及外接导线等进行层积式堆叠，形成模组次系统。我国在该环节的产量全球领先，占一半以上份额。其中，英利、天合光能、江西赛维、晶科能源等厂商一直维持着年产 1000MW 以上的生产能力，生产规模居世界前列。太阳能发电产业链下游是发电系统的应用，包括光伏建筑一体化、并网电站等，是实现太阳电池市场应用的关键环节。该环节是我国光伏产业价值链的最薄弱环节，国内市场尚处于起步阶段，产品主要依赖国外市场。

从表 3-1 可以看出，随着企业自身技术和生产工艺进步，全球光伏产品价格呈逐年下降趋势。其中，多晶硅降幅最为明显，从 2008 年的 400 美元/千克降至 2013 年的 20 美元/千克，但仍然是产品价格最高的一个环节。除了多晶硅之外，近 6 年硅片、电池片和电池组件的价格也都出现了大幅度下降。

表 3-1　2008~2013 年太阳能光伏产品价格

年份	多晶硅/(美元/千克)	硅片/(美元/瓦)	电池片/(美元/瓦)	电池组件/(美元/瓦)
2008	400	2.5	3.0	3.5
2009	150	0.9	1.4	2.0
2010	90	0.8	1.3	1.5
2011	30	0.5	0.75	1
2012	23	0.4	0.6	0.8
2013	20	0.3	0.5	0.7

资料来源：《2014 国际可再生能源发展报告》。

从利润角度看，光伏产业价值链各环节利润与价值量的变化趋势基本一致。总体而言，光伏产品从硅材料生产环节到组件封装环节毛利润递减，其分布呈倒金字塔结构（见图 3-4）[1]。

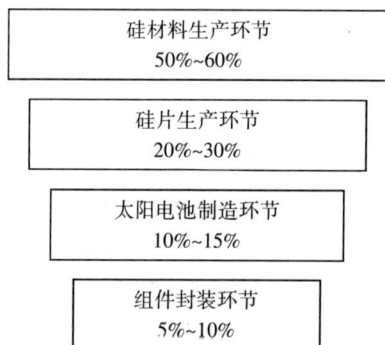

图 3-4 光伏产业毛利润分布

硅材料生产环节位于太阳能光伏产业价值链最上游，技术门槛高、能耗大、投资规模大、回报周期长。目前，单个多晶硅提纯工厂一般至少需投资 1 亿美元，且年产能超过 1000 吨才有规模效益。因此，进入该环节的企业数量非常有限，这也使该环节成为整个光伏产业链中利润最高的环节，占光伏产品毛利润总量的 50%~60%。

硅片生产环节市场需求大、进入门槛较低，我国有大量企业进入该环节。硅片制造对原材料依存度高，当上一环节原材料供不应求时，本环节利润较高。近年来，多晶硅的产量趋稳，硅片制造企业利润有所降低。但从整个中游环节来看，硅片生产环节属于毛利润较高环节，占光伏产品毛利润总量的 20%~30%。

太阳能电池制造环节的技术要求和资金需求相对于硅片生产环节更低，其较低的进入壁垒导致企业数量大幅增加。该环节利润率低于前两个环节，只占产品毛利润总量的 10%~15%。

组件封装环节技术和资金门槛低、建设周期短、最接近市场，因此吸引了大批生产企业进入该环节，是光伏产业链中发展最快的环节。但组件封装环节技术含量较低，市场供应商数目众多，成为整条产业链利润最低

---

① 耿亚新，周新生. 太阳能光伏产业的理论及发展路径 [J]. 中国软科学，2010 (4).

的环节，占毛利润总量的 5%~10%。

光伏产业价值链下游的系统应用环节连接企业和市场，且受光伏发电推广应用政策影响较大。目前来看，用户和电网企业都会不同程度受产业政策的扶持和价格补贴，而且该环节企业长期垄断市场，利润率较高。

第二节　世界光伏产业发展与市场竞争态势

一、全球光伏发电装机容量

光伏装机容量变化是反映光伏产业发展状况的重要指标，一般从累计发电装机容量和新增发电装机容量两个角度考察光伏产业发展状况。从光伏发电产业化模式来看，迄今光伏市场的扩张仍在相当大程度上依靠各国的可再生能源政策推动，主要通过上网定价、电价补贴、示范工程等政策工具，扩大本国的光伏装机容量，推动光伏产业发展。

1. 全球光伏发电新增装机容量总体保持快速增长

近年来，新能源电力市场成为各国政府扶持、投资的重要领域之一，光伏发电更是新能源补贴的主要对象。从全球新增装机容量状况看，根据欧盟光伏产业协会 EPIA 最新报告 "Global Market Outlook For Photovoltaics"（2015-2019），2005~2015 年，全球新增光伏装机容量始终保持稳步上升态势（见图 3-5）。2014 年，全球新增光伏装机容量 40134MW，约为 2005年 1389MW 的 29 倍，10 年间全球光伏市场年新增装机容量实现爆发式增长。这种大规模增长主要得益于两个方面：一是 2004 年以来的一轮国际原油价格上涨导致传统发电成本上升，对可发电新能源的需求增长；二是在应对全球气候变暖的压力下，各国对可再生能源的补贴力度加大，新能源产业因此获得了更多的政策扶持。

另从图 3-5 可以看出，2005~2014 年，全球光伏装机容量增长表现出较为显著的阶段性特征。2005~2010 年，全球光伏发电新增装机虽然增长较快，但增量有限；自 2011 年，全球新增光伏装机容量突破 30GW/年以上。光伏市场这种阶段性的变化是全球金融危机导致光伏行业出现过剩产能的结果。产能过剩造成相关产品价格下跌，形成较大的利润空间，同时

(MW)

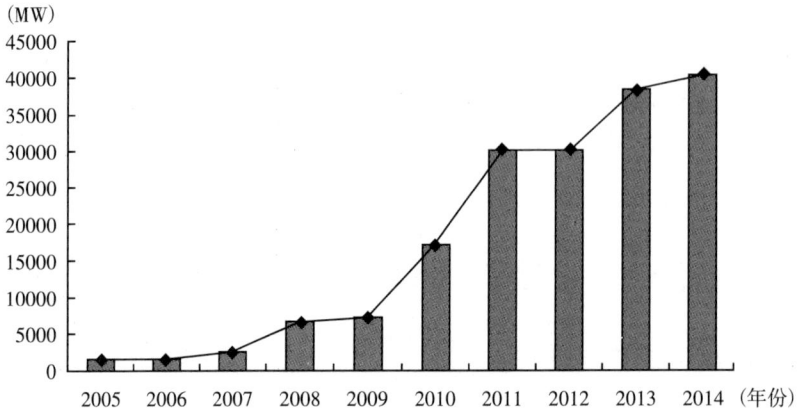

图 3-5　2005~2014 年全球新增光伏装机容量

资料来源：EPIA Global Market Outlook For Photovoltaics 2015-2019.

以意大利为代表的传统欧洲光伏市场国家从需求侧入手推出一系列补贴政策，共同推动全球光伏产业走出低迷进入较快的发展阶段。以德国、西班牙为代表的光伏发电的传统需求大国，政府对本国的光伏产业扶持到期做出了调整，其光伏产业发展进入转型期，直接导致 2012 年全球新增光伏装机容量较 2011 年略有回落。与欧洲传统市场因调整而增速放缓情况形成鲜明对比的是，2012 年以来，全球新增光伏装机容量的贡献主要来自中国、美国、日本等新兴光伏市场国家，全球光伏市场重心开始从欧洲加快向亚太地区转移。

2. 全球光伏市场总规模在波动中加速扩张

2005~2014 年，全球累计光伏装机容量总体持较为明显的上升态势。EPIA 报告显示，2014 年全球光伏累计装机容量达到 178GW，比 2013 年增长了约 37GW，增幅超过 39%。这一时期，全球累计装机总量增速虽有较明显的阶段性波动，但始终保持在 30% 以上，增速最高的 2011 年这一数值高达 74.70%，平均增长率接近 50%（为 49.4%），这种增长态势反映出光伏产业较好的市场潜力和发展前景。光伏产业发展稳定、装机容量不断增长，推动光伏发电在全球新能源发电中的比重不断上升。2014 年，全球光伏发电累计装机容量在新能源项目发电装机容量中所占比重达到27.41%[1]，并首次超越核能成为全球发电量最大的清洁能源。2015 年更是

---

[1] 资料来源：《全球新能源发展报告 2015》。

光伏发电产业飞速发展的一年，全球光伏发电市场的新增装机容量一举突破 50GW 大关，达到 56.4GW，创造了新纪录，累计装机容量达到 242.8GW（见图 3-6）。

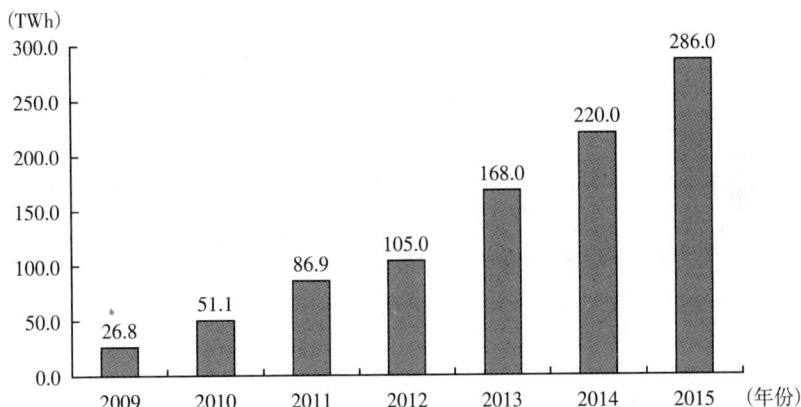

图 3-6　2009~2015 年全球太阳能发电总量

资料来源：《全球新能源发展报告 2016》。

值得注意的是，2009 年和 2012 年全球累计光伏装机容量增速显著下滑。其中，2009 年的下滑主要是受 2008 年国际金融危机的影响。危机导致各国政府纷纷缩减财政支出，削减对光伏发电的补贴范围和幅度。如 2008 年，德国重新修订《可再生能源法》（即 EEG2008），下调光伏上网电价约 15%、年度收购电价税率下调 9%；2009 年，西班牙削减国内 FIT 补贴额度，并将当年的上网电价补贴范围缩减至 500MW。由于这一时期欧盟累计光伏装机容量占全球累计光伏装机总容量的 70% 左右，对全球光伏市场增速变化起决定性作用，因此，以德国、西班牙为代表的欧盟国家下调光伏补贴直接导致了 2009 年全球累计光伏装机容量增速的大幅度下降。而 2012 年的增速回落，则不仅受传统欧洲光伏市场变化的影响，中国等新兴光伏市场也成为重要因素。2012 年，美国对华光伏"双反"确定初裁结果，对中国出口的相关光伏产品征收高额反倾销、反补贴税，导致中国光伏产业急剧萎缩，新增装机容量远低于预期。

自 2012 年起，全球累计光伏装机容量再度进入相对较为缓慢的增长时期，但从总量规模看，这种相对较慢的增速是建立在较大基数之上的。虽然全球累计光伏装机容量增长速度有所放缓，但世界范围内已经形成了较大规模的光伏市场。以此市场规模为基数，保持30%甚至以上的增长速度，这种增长态势与2005~2007年30%的增速相比，对于整个光伏产业发展的意义显然不同。实际上，仅2014年全球累计装机的增量远多于2005~2010年累计增量的总和。可以预见，未来全球累计光伏装机容量保持超过30%中高速增长的压力将进一步增大，对各国的资金投入、政策导向、技术创新等诸多方面提出了更高要求。根据欧盟光伏产业协会的预测，未来五年，全球累计光伏装机容量将达到540GW。这意味着2015~2019年全球光伏市场将实现24%以上的年平均增长率，全球年新增光伏装机容量也要达到40GW以上。

二、世界主要光伏市场发展状况

1. 总体情况

长期以来，发达国家是可再生能源发展的重要推动者，在技术、资金、政策、市场方方面面先行一步，因此，以欧盟为主的发达国家是影响光伏产业发展的主要力量。然而，经过2009年和2012年全球光伏装机容量的增速回调，世界光伏市场的地区结构发生了显著变化。目前，欧盟累计光伏发电装机容量占全球累计光伏装机总量的比重由70%以上降至60%以下，而中国、美国等新兴光伏市场在全球光伏市场中的份额升至10%~20%。主要国家在世界光伏市场上所占市场份额的变化反映出全球光伏产业竞争格局的走向。可以肯定，短期内全球光伏市场的主力仍然是以德国、西班牙、意大利等为代表的欧盟地区，但未来全球光伏市场的重心将会继续向亚太、非洲等地区转移。从图3-7可以看出，2005~2014年，欧盟始终占据全球一半以上光伏市场份额，中国、美国、印度、日本等国家和地区呈现逐年上升态势，而2012年则成为欧盟与亚太新兴市场此消彼长的转折点。受经济衰退、光伏补贴削减、光伏产业市场化改革等诸多因素影响，欧洲光伏市场份额自2012年出现明显下滑；与此同时，日本福岛核事故爆发促使亚太国家进一步意识到转变电力能源结构、发展清洁能源、维护国家能源安全的重要性，亚太各国和地区政府纷纷出台光伏产业扶持政策，推动亚太地区光伏市场份额大幅上升。2014年，欧盟光伏市场累计光伏装机容量占全球累计光伏装机容量的49.43%，而中国、印度、日本为代表的亚洲光伏市场占全球市场份额的38.85%。其中，仅中国新增光伏装机容量为10.6GW，约为欧洲当年新增装机容量7GW的

1.5倍。政策环境的改变正在重塑全球光伏产业格局，亚洲国家和地区对全球光伏市场的影响力显著上升。2013年，亚洲市场以56%的市场份额一举超过欧洲，首次成为全球最大光伏发电市场。

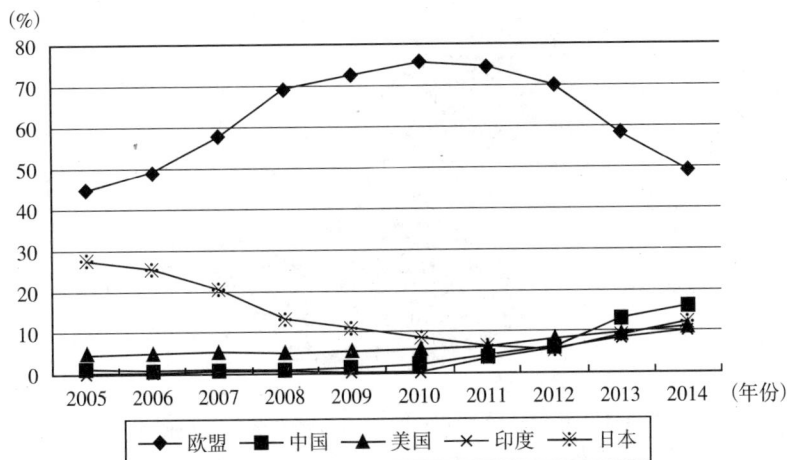

图3-7　2005~2014年世界主要光伏市场累计光伏装机容量份额变动情况

资料来源：根据EPIA、《世界能源发展报告》、Solar World光伏亿家、OFweek太阳能光伏网数据整理。

2015年，亚洲光伏发电新增装机容量占全球市场的60.1%，美洲光伏发电新增装机容量占全球市场的18.8%，而欧洲光伏发电新增装机容量仅占全球市场的12.8%，增速减缓，产业发展也有所放缓（见图3-8和图3-9）。

2. 深度调整中的欧盟光伏市场

德国、西班牙、意大利、英国、法国是欧盟乃至世界光伏市场的主角。从2005~2014年上述五个欧盟国家的累计光伏装机容量变化态势看，其累计装机容量均保持稳定上升态势（见图3-10）。其中，德国、意大利是引领欧盟光伏市场扩张的主力。2005~2010年，德国光伏市场占据整个欧盟光伏市场一半以上，即使2011年起德国光伏市场开始萎缩，但在欧盟光伏市场中仍保持40%以上的市场份额，德国累计光伏装机容量始终位居欧盟第一。随着市场不断成熟以及经济形势变化，德国分别于2004年、2008年、2010年和2012年对其《可再生能源法案》进行了不同程度的修订和调整，调整方向在于逐步削减对该国光伏产业补贴力度，德国光伏市

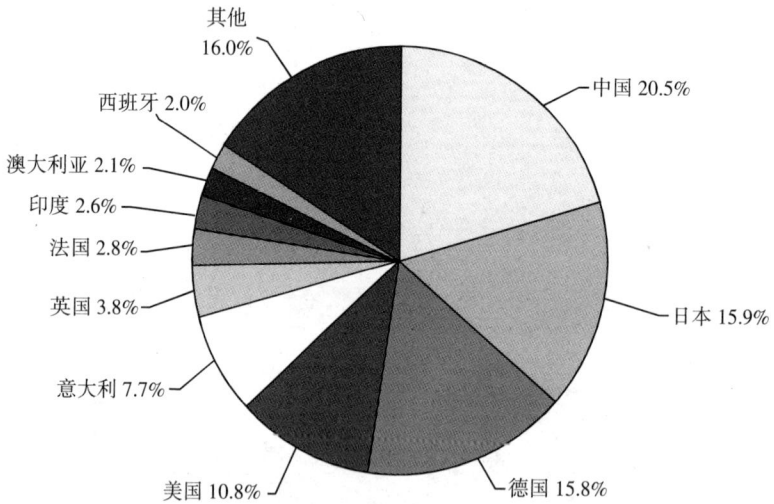

图 3-8　2015 年全球光伏发电市场新增装机容量占比
资料来源：《全球新能源发展报告 2016》。

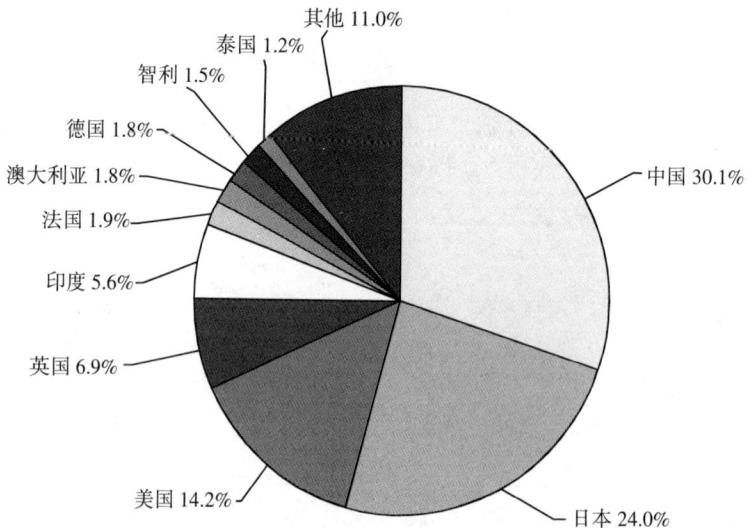

图 3-9　2015 年全球光伏发电市场累计装机容量占比
资料来源：《全球新能源发展报告 2016》。

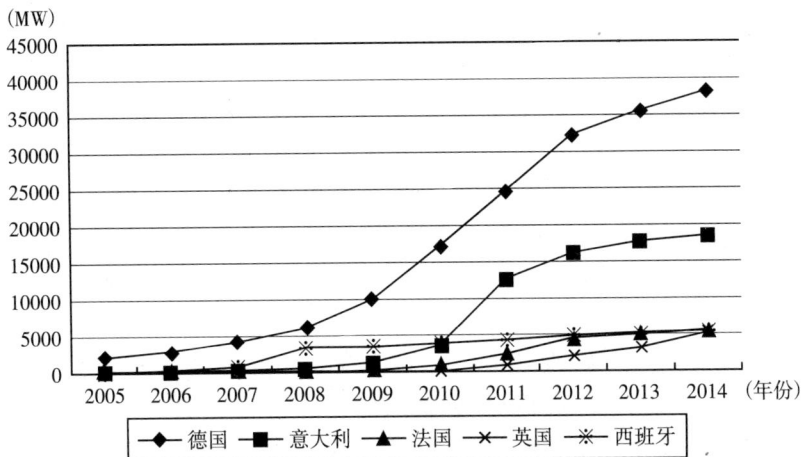

图 3-10 2005~2014 年欧盟主要光伏市场国家累计光机容量
资料来源：EPIA Global Market Outlook For Photovoltaics 2015–2019.

场增长也由此开始减速。与德国状况类似的西班牙，其光伏政策经历了补贴力度减弱的过程，国内光伏市场增速在 2009 年前后开始放缓，直接导致西班牙在欧盟光伏市场中所占份额快速萎缩，2008 年达到 31.42% 的峰值后，自 2011 年起，西班牙占欧盟光伏市场份额已经不足 10%。业界普遍认为，2008 年和 2009 年西班牙在欧盟光伏市场实现的高份额及其急剧缩减，主要原因在于该国光伏市场对未来产业扶持政策及补贴预期降低、政府扶持光伏产业的财政压力增大以及德国先后修改新能源法案逐步减少补贴所产生的示范效应。除了财政补贴和政策倾斜减少等因素，德国和西班牙光伏市场的急速下降还受到该国光伏市场发育程度的影响。相较于近年来增长较快的光伏市场国家，德国和西班牙光伏产业起步较早，发展较为成熟，国内累计装机容量规模已经比较大。加之欧洲诸国经济复苏进程迟缓，德国和西班牙政府意在将光伏产业加快推向市场，加快市场化发展。一方面，以市场化为导向的新能源政策改革有助于更有效地提高产能、拓展市场化融资渠道；另一方面，有利于企业和用户逐步降低光伏产业对政府财政投入及补贴政策的依赖，减少政府财政压力。

鉴于德国、西班牙等传统市场的深度调整，就未来增长潜力而言，欧盟光伏发电的增长点将逐步转向起步较晚的意大利、英国、法国等国家（见图 3-6）。2011 年以来，这种趋势进一步显现，以英国、意大利、法国为代表的欧盟新兴光伏市场成为这一地区太阳能发电的重要组成部分。其中，2014年英国新增光伏装机容量2.4GW，超过德国的1.9GW，成为首个新增装机容量超过德国的欧盟国家。上述三个欧盟国家光伏市场发展提速与本国扶持政策力度加大、能源消费结构调整密切相关。根据国际可再生能源署（IRENA）的不完全统计，2005~2014年，英国、意大利、法国出台涉及光伏产业的主要法案、文件分别为7项、9项和5项，内容涉及上网电价补贴（FiT）、税收抵免、电力配额（ROC）、投资授权等多个方面，有力推动了本国光伏产业的快速发展。2011年，意大利累计光伏装机容量占欧盟光伏市场的23.69%，随后在欧盟地区一直保持在20%以上的市场份额，法国、英国在欧盟光伏市场的份额也上升至5%左右。

3. 蓬勃发展的中国光伏市场

相较于欧盟，中国光伏发电起步较晚，2009年前后，中国光伏发电装机增长明显加快。2011年，中国新增光伏装机容量首次超过1GW；2013年，中国占当年全球新增光伏装机容量比重高达30.77%，在全球累计光伏装机容量份额也首次超过10%，中国已发展为未来全球光伏市场的重要增长极（见图3-11）。

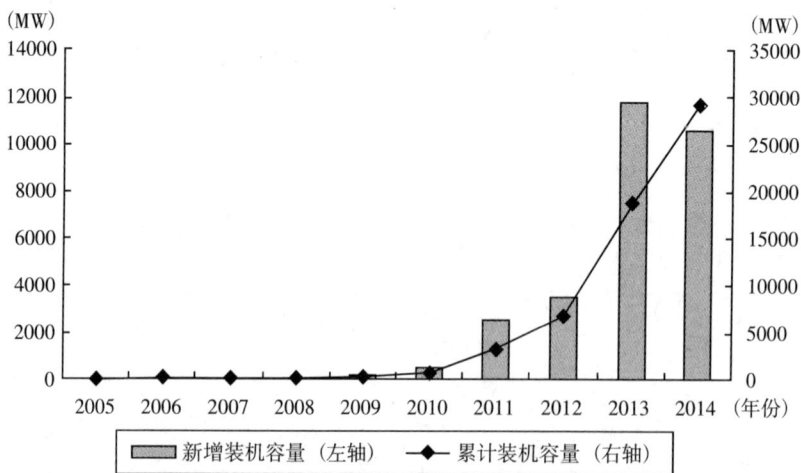

图3-11　2005~2014年中国光伏装机容量

资料来源：EPIA Global Market Outlook For Photovoltaics 2015-2019.

需要强调的是，与德国等传统光伏市场国家渐进、平稳的发展历程不同，中国光伏市场起步晚、基础弱，整个产业基本在2011年的爆发式增长中迅速扩容。2011 年之前，中国新增光伏装机容量和累计光伏装机容量均不足 1GW，2011 年新增光伏装机容量 2.5GW、累计光伏装机容量3.3GW，与 2010 年水平相比，新增光伏装机容量扩大约 4 倍、累计光伏装机容量扩大 3 倍。2012 年和 2013 年，中国光伏市场以每年 1 倍以上速度扩张，2014 年国内光伏市场较上一年度进一步增长了 50%。从增量角度看，2013 年和 2014 年中国对全球新增光伏市场的贡献约 1/3，占累计光伏市场份额的 15% 左右，对全球光伏市场的影响力日益增大。

2015 年，中国光伏发电市场延续增长态势，全面新增装机容量达17GW，位列全球第一，累计装机容量达 49.8GW，首次超越德国成为全球光伏发电累计装机容量最大的国家，约占全球总容量的 1/5。与其他国家相比，中国已经成为名副其实的世界第一大光伏市场。纵向来看，中国光伏市场新增装机容量自 2011 年开始了"过山车"式的增长，2010 年光伏新增装机容量仅为 486MW，2011 年新增装机容量就达到 2568MW，同比增长率高达 428.4%，然而在 2012 年、2013 年、2014 年的光伏新增装机容量增长率分别为 41.4%、255.9%、0.6%，2015 年增速有所回升，同比增长 30.8%，中国光伏产业经历了剧烈变动期。

中国光伏产业迅速发展是能源消费结构变化、光伏技术不断成熟、光伏产品成本不断下降等多重因素共同作用的结果。其中，中国政府加大对可再生能源扶持和补贴力度的效果尤为显著。与德国、美国等国家光伏产业发展路径不同的是，中国光伏产业的优势集中在终端产品制造和出口规模，而太阳能应用方面相对滞后。随着加工组装环节在较短时间吸引大量投资，中国光伏产能快速扩张，光伏企业在世界光伏产业中排名持续攀升。2014 年，进入全球前 8 的光伏组件厂商全部为中国厂商，组件出货量均超过 2GW。

同时，为扭转产业链各环节发展严重失衡局面，一方面着眼于中国能源结构的长期转型，加快能源领域碳排放达峰；另一方面为利用国内急剧膨胀的光伏下游产能、应对光伏产品贸易摩擦，近年来国家确立了加快开拓国内光伏发电市场、自主消解产业的发展思路，密集出台了一系列鼓励光伏发电项目投资建设的政策措施。根据对 2010~2014 年国家有关部门政策、规划等文件的整理统计，国家相关部委下发的促进光伏产业发展的相关文件约 60 项，平均每年都有超过 10 项针对光伏产业发展的专项文件，其中仅国家能源局印发的关于光伏产业的行业性政策文件就有 22 项，政策、规划内容涉及光伏发电入网、示范区建设、投资开发建设、光伏电站建设与运维、购售电相关合同规定等多个方面。此外，全国各省、市、自治区还会根据上级部门的指引性文件出台适合本地区的具体执行办法，扶持本地区光伏企业发展，建设地区性光伏产业示范园区，基本形成了中、东、西部共同发展的产业和格局。2014 年，中东部地区新增装机容量 560 万千瓦，占全国新增装机容量的 53%；西部新增装机容量则主要集中于内蒙古、青海、甘肃、宁夏四个地区。[①]

尤其值得注意的是，近年来，光伏扶贫成为光伏产业发展的又一个政策支撑点。各地纷纷将在贫困地区建立分布式或集成式光伏项目作为精准扶贫的重要抓手和贫困农村地区加快实现脱贫的有效途径。这一政策导向催生了一批光伏扶贫项目，进一步推动了中国光伏市场扩张。

4. 潜力不断释放的其他新兴光伏市场

除了欧盟、中国这两个表现突出的光伏市场，美国、日本近年来光伏发电同样增长较快。2014 年数据显示，日本和美国分别以 9.7GW 和 6.5GW 的新增光伏装机容量，仅次于中国 10.6GW 的增量，分别居全球光伏新增容量的第二和第三位。

美国光伏市场自 2010 年起进入了快速发展的新时期，2010 年新增光伏装机容量首次达到 GW 级，新增光伏装机容量增速最高达到 101.57%、累计光伏装机容量增速最高达到 90.50%。2011 年以来，美国的光伏装机容量增速有所放缓，但是总体上不断增长势头并未发生改变，在全球光伏市场中的份额也在不断攀升。2014 年，美国累计光伏装机容量超过 20GW，在全球光伏市场中的份额首次超过 10%。数据显示，截至 2013 年，美国光伏发电能力已经能够满足至少 220 万个家庭的平均水平用电需求。2015 年，美国光伏新增装机容量约为 8GW，占全球市场份额的 14.2%，位列全球第三，而美国光伏累计装机容量达到 26.2GW，低于德国，位列全球第四。美国作为光伏传统市场，一直保持稳定增长，2010 年、2011 年光伏新增装机容量增速超过 100%，分别为 112.1% 和 108.2%，但之后虽然维持着增长势头，增长速度却一直下降，2015 年美国光伏新增装机容量已降至 26.6%。

美国各州支持光伏产业快速发展的政策存在一定差别。目前，美国大

---

① 资料来源：国家能源局网站、中商情报网。

多数州政府采取可再生能源配额、税收优惠、现金补助计划等方式对光伏发电进行补贴。现行产业政策主要包括两部分，即投资税收抵扣（ITC，Investment Tax Credit）和净电量计量法（Net-Metering）。其中，投资税收抵扣政策为光伏产业扩张、技术研发创新提供多元化资金来源，为创新产业经营模式带来的全新的动力和广阔发展空间，而净电量计量法则从用户侧入手，对用户余电上网电价直接补贴，从而为分布式光伏市场的发展提供更好激励。截至 2014 年，美国已有 44 个州实行了 Net-Metering 和 ITC（Investment Tax Credit）政策。

与中国、美国相比，日本光伏市场起步虽早，但真正形成规模市场却更晚。2011 年福岛核泄漏事件之后，日本对于能源安全的重视上升到前所未有的高度，来自消费者和公众舆论的压力极大地刺激了清洁、高效电力等新能源的需求，推动日本能源消费结构出现显著变化。2013 年，日本新增太阳能光伏装机容量 627.3 万千瓦，占全国可再生能源新能装机容量的 98.3%。2013 年，日本新增光伏装机容量 6.9GW，约为 2012 年新增装机容量的 7 倍，2014 年新增光伏装机容量进一步上升为 9.7GW。近两年的爆发式增长使日本迅速成为全球光伏市场的重要组成部分，2013 年和 2014 年的新增光伏装机容量均位居全球第二，累计装机容量份额也达到了 10%左右。发电市场扩容拉动了日本光伏产品的进口。除了国内能源结构的迅速变化，日本光伏产业的发展在国际贸易方面也表现突出。2010~2014 年，日本在全球范围内进口光伏产品的贸易额从 21.89 亿美元上升到 87.56 亿美元[1]，已取代欧盟成为全球最大的光伏市场。其中，2014 年日本首次超过欧盟成为中国的第一大光伏组件出口国。2015 年，日本市场进一步扩张，其光伏累计装机容量达到 38.6GW，光伏新增装机容量为 13.5GW，占全球市场份额的 24%，同比增长率为 31.8%，成为全球第二大光伏市场。日本政府对光伏产业有高额补贴，直接促进了日本光伏产业的快速发展。日本光伏新增装机容量一直保持着较高的增长速度，2013 年、2014 年、2015 年的平均增长速度达到 88.1%，尤其是 2013 年日本光伏新增装机容量同比增长 187.8%，预计 2016 年日本光伏市场也将会保持高速增长态势。

值得注意的是，全球新兴光伏市场不断涌现，其他地区的光伏产业也

---

[1] 资料来源：联合国贸易数据库，海关编码 854140。

有很大发展。2015 年，印度光伏累计装机容量已经达到 6.2GW，当年新增装机容量约 3.1GW，同比增长 285%，在全球的市场占比快速提高，后续发展势头不容小觑，未来将有较大发展空间。同时，以泰国为代表的一些东南亚国家近几年开始推动大规模光伏项目建设，光伏新增装机量也在快速增长。2015 年泰国光伏新增装机量约为 0.68GW，占全球市场份额的 1.2%，虽然光伏累计装机容量仍较小，但其迅猛发展的态势显示出一定增长潜力。

第三节　中国光伏企业竞争力分析

一、中国企业在光伏产业链上的布局及其竞争力

总体来看，我国光伏企业主要集中在产业链低附加值、低利润回报率的中游环节，而高附加值、高利润回报率的上游原材料生产环节和下游光伏发电系统应用环节则发展相对滞后。

从 2008~2013 年我国光伏产业链主要环节的市场占有率变化可以看出，我国光伏产业国际市场占有率保持在 1/3 左右，稳居世界第一。我国在产业链上游晶硅原料环节的国际市场竞争力较弱，虽然对进口的依赖程度有所降低，但 2013 年进口市场份额仍高达 32.01%。在产业链中游光伏电池环节，中国企业出口所占市场份额较高。受贸易摩擦影响，2013 年，中国光伏电池企业的国际市场占有率降至 34.36%，但仍具有较强竞争力。应该看到，由于欧美国家发起反倾销调查对我国的光伏产业出口造成了一定影响，2013 年市场占有率降至 29.05%（见表 3-2）。

再从 2008~2013 年我国光伏产业链主要环节的贸易竞争力指数看，我国光伏产业的贸易竞争力变化不大，总体上略有提高。具体到产业链各环节，晶硅原料环节的贸易竞争力指数虽然在 2013 年提升到-0.80，但相对来说仍较为薄弱。光伏电池 2013 年贸易竞争力指数有所下降，却属于竞争力较强的环节。2008~2013 年，太阳能发电机组的贸易竞争力指数由 0.18 下降至-0.36。太阳能电站的贸易竞争力指数比较平稳，维持在 0.50 左右，具有较强的竞争力。值得注意的是，我国光伏电池的贸易竞争力

2011 年以来有所下降，特别是 2013 年的贸易竞争力指数不到 2011 年的一半，这主要是由于欧美实施"双反"直接导致我国光伏电池行业国际竞争力的弱化（见表 3-3）。

表 3-2 2008~2013 年中国光伏产业链主要环节市场占有率

单位：%

年份	晶硅原料		光伏电池		太阳能发电机组		太阳能电站		光伏产业	
	进口	出口	进口	出口	进口	出口	进口	出口	进口	出口
2008	44.25	5.22	10.54	27.17	2.25	5.27	7.64	24.24	13.18	23.43
2009	29.49	2.73	11.27	27.82	4.15	3.22	8.06	27.36	11.46	23.76
2010	36.01	3.06	10.26	34.72	1.51	2.52	9.76	29.31	11.47	30.09
2011	41.50	2.41	10.87	37.23	1.89	2.93	10.50	33.56	12.77	32.37
2012	46.07	2.68	15.43	38.47	3.00	1.87	9.40	39.37	14.38	30.78
2013	32.01	3.61	19.57	34.36	3.37	2.05	9.38	28.87	15.89	29.05

资料来源：《2014 年中国产业竞争力报告》。

表 3-3 2008~2013 年中国光伏产业链主要环节的贸易竞争力指数

年份	晶硅原料	光伏电池	太阳能发电机组	太阳能电站	光伏产业
2008	−0.85	0.45	0.18	0.51	0.25
2009	−0.83	0.43	−0.38	0.53	0.33
2010	−0.85	0.55	0.01	0.50	0.44
2011	−0.90	0.55	0.03	0.52	0.43
2012	−0.88	0.38	−0.28	0.51	0.33
2013	−0.80	0.27	−0.36	0.50	0.28

资料来源：《2014 年中国产业竞争力报告》。

二、中国光伏产业链存在的主要问题

1. 产业链各环节发展不均衡

集中表现在上游的原材料生产环节仍处于初创阶段，中游环节却已出现产能过剩现象，而下游环节的产品市场又严重依赖国外市场。我国光伏产业链各环节发展水平差距过大，其中的薄弱环节已经影响整条产业链的发展，如上游环节的高纯硅和其他原材料供应不足制约着硅片生产规模，从而导致中下游环节电池生产成本提高。同时，下游环节的终端产品以出口为主，国内市场需求小，又反过来影响光伏产业链上游和中游的发展。

2. 技术依赖性强

从技术经济性角度看，光伏技术大规模扩散会取得相对于封闭技术而言更大的经济和社会效益。然而，处于技术领先地位的发达国家一般不转让光伏技术，尤其是当技术处于发展阶段和垄断地位时，大部分技术是直至成熟或者衰退后才予以扩散。而且一般首先向发达国家扩散，几年后再扩散到新兴工业国家，最后才向其他发展中国家扩散。由于国外技术垄断，加之光伏产业研发具有投入大、不确定性强等特点，我国光伏技术发展大多以引进为主。这也导致了我国光伏产业发展外部技术依赖性严重，原材料制备环节的核心技术一直被发达国家垄断，其他环节的关键设备也大多依赖进口。

3. 政策体系有待完善

由于光伏产业是新兴产业，产业和市场发展具有不确定性，企业面临较大的投资风险。目前，我国光伏产业政策的重点主要集中在光伏发电项目的建设，如 2014 年颁发的《关于分布式并网收购及补贴落实情况专项监管》，2015 年发布的《关于下达 2015 年光伏发电建设实施方案的通知》等，而对于需要大力扶持的研发环节和人才培养环节重视不够，相关政策支持较少，导致我国光伏产业研发环节能力薄弱，企业人才缺失问题比较突出。

第四节　中国光伏市场及发电模式

中国是全球光伏产业发展最快、光伏市场规模最大的国家。在光伏产业快速扩张过程中，政府扮演着重要角色。在光伏产业政策引导下，中国光伏市场形成了一批特色鲜明的项目模式，但也出现了产业链发展不均衡、政府补贴财政负担加重等问题。

一、市场规模与区域结构

目前，中国已经成为全球最大的太阳能发电市场。2015 年，全国太阳能发电市场累计装机容量已达 49800MW，累计并网容量达 48490MW。其中，集中式光伏电站并网容量为 41114MW，分布式光伏发电并网容量为 7363MW，光热发电并网容量为 13.8MW，各类型光伏发电占比见图 3-12。

可以看出，中国太阳能发电的主要形式仍然是大型光伏电站发电，占比84.79%，具有绝对优势，而光热发电占比只有0.03%，总体规模仍然很小。

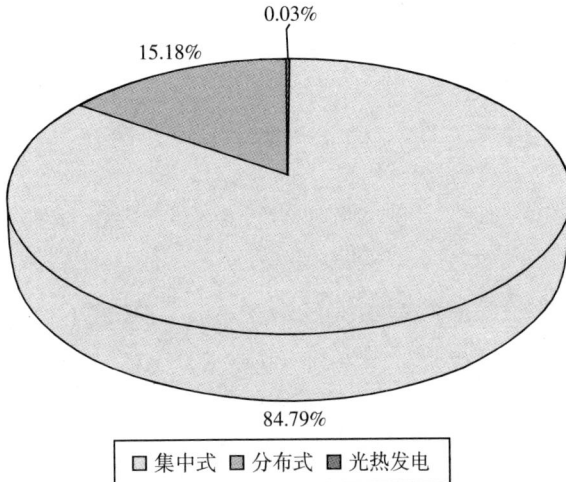

图3-12 2015年各类型光伏发电累计并网容量所占比重

资料来源：可再生能源电价附加信息管理平台。

2013年，国家发展改革委根据全国不同地区的太阳能资源条件和建设成本差异，将全国分为三类太阳能资源区，中国光伏发电的区域分布大体与之类似。宁夏、青海、甘肃、新疆、内蒙古的大部分地区都属于Ⅰ类资源区，这些省区有大面积光照条件良好的荒漠土地和平坦的地势，其先天优势十分有利于大型光伏电站项目建设，再加上政府政策的大力支持，光伏发电市场迅速发展。目前这五个省（区）的累计并网容量占全国累计并网容量比重已达51.7%。江苏属于Ⅲ类资源区，经济发达但可利用开发光伏电站的大面积土地少，多采用分布式光伏发电形式。江苏省虽然整体光源质量一般，但一直是中国的光伏大省。作为中国光伏产业的发源地，江苏省拥有保利协鑫、常州天合光能等多家大型光伏企业，产业链完整，注重光伏前沿技术的研发，致力于减少光伏发电成本，同时政府对光伏产业大力扶持，有着高额的补贴政策，因此江苏省光伏并网发电示范工程发展较快，分布式光伏发电市场不断扩大，太阳能发电累计并网容量占全国8.7%。此外，河北、山东等依托较好的自然优势与相对发达的经济，再加上近些年政府政策的支持，也是光伏发电市场发展较为迅速的地区，2015

年山东与河北新增备案光伏电站项目容量分别为4530MW和3810MW，尤其是山东占全国新增备案容量的11.1%，位居全国第一（见表3-4）。

表3-4　2015年全国各省（区、市）太阳能发电累计并网容量

省份	集中式光伏发电	分布式光伏发电	光热发电	太阳能发电累计并网	比重（%）
甘肃	610.00	0.00	0	610.00	12.6
青海	563.00	0.39	1	564.39	11.6
新疆	528.00	4.30	0.02	532.32	11.0
内蒙古	471.00	19.00	0.01	490.01	10.1
江苏	302.00	120.00	0	422.00	8.7
宁夏	308.50	0.01	0	308.51	6.4
河北	251.50	28.50	0	280.00	5.8
浙江	93.40	135.30	0	228.70	4.7
山东	124.10	69.01	0	193.11	4.0
陕西	162.30	19.00	0	181.30	3.7
云南	171.41	3.50	0	174.91	3.6
新疆建设兵团	160.00	0.14	0	160.14	3.3
山西	107.00	1.00	0	108.00	2.2
江西	35.70	47.50	0	83.20	1.7
广东	7.00	73.00	0	80.00	1.6
湖北	56.27	21.38	0	77.65	1.6
河南	20.00	33.70	0	53.70	1.1
安徽	26.00	25.46	0	51.46	1.1
四川	46.40	4.65	0	51.05	1.1
湖南	4.00	46.00	0	50.00	1.0
上海	2.42	19.61	0	22.03	0.5
辽宁	9.00	12.00	0	21.00	0.4
海南	14.00	4.72	0.25	18.97	0.4
北京	2.00	15.46	0.10	17.56	0.4
西藏	16.00	0.10	0	16.10	0.3
福建	2.88	12.84	0	15.72	0.3
天津	3.00	11.34	0	14.34	0.3
广西	5.00	7.16	0	12.16	0.3
吉林	6.00	0.63	0	6.63	0.1
贵州	3.00	0.10	0	3.10	0.1
黑龙江	1.00	0.42	0	1.42	0.0
重庆	0.00	0.07	0	0.07	0.0
合计	4111.88	736.29	1.38	4849.55	100.0

资料来源：可再生能源电价附加信息管理平台。

基于上述分析，预计"十三五"时期乃至未来10年内中国光伏发电产业将继续保持高速增长趋势。"十三五"时期是中国促进经济转型、能源结构改善的重要时期，经济进入新常态，加之《巴黎气候变化协议》的签订，使得光伏产业有了广阔发展空间。在光伏企业发展方面，"领跑者"计划等一系列产业利好政策的出台都会优化光伏建设布局、促进光伏产业技术进步和升级。在光伏发电市场方面，可再生能源全额保障性收购、光伏组件产品价格下降、优化电站指标规模发放以及光伏扶贫如火如荼发展等将会大大促进光伏发电市场的扩大。据有关部门预测，到2020年底，中国太阳能发电装机容量达到1.6亿千瓦，年发电量达到1700亿千瓦，年度总投资额约2000亿元。其中，光伏发电总装机容量达到1.5亿千瓦，地面电站8000万千瓦，分布式7000万千瓦。分布式光伏发电规模显著扩大，形成西北部大型集中式电站和中东部分部式光伏发电系统并举的发展格局。

二、光伏项目模式

1. 荒漠电站

荒漠电站模式指通过建设大型地面光伏电站接入高压输电系统，实现供电入网。大型光伏电站一般位于郊区或者偏远荒漠、丘陵，充分利用这些地区丰富和相对稳定的太阳能资源。荒漠电站的主要优点：一是其所发电能被直接输送到电网，由公共电网统一向用户供电；二是荒漠电站主要是依靠丰富的太阳能资源，因此选择空间较大，选址相对灵活；三是荒漠电站一般直接并入输电网，而且有专门电网企业负责进行统一管理，日常维护及时，保证设备在良好状态下高效率运转，因此供电稳定、损耗也较低；四是荒漠电站属于大型光伏电站项目，其投资受到各大企业青睐，而且可以极大促进地方招商引资，增加地方税收收入，加上高额财政补贴，因此一般都会得到地方政府的高度重视。荒漠电站的主要缺点在于依赖长距离输电线路并网，损耗较高。

2. 屋顶电站

屋顶电站模式是目前应用最广泛的一种分布式光伏发电模式，指在用户附近建筑物屋顶建设光伏发电设施，就近解决用电问题，用户自用后多余的电量入网。屋顶电站一般位于工业厂房、商业建筑、市政等城市建筑或者农村、牧区、山区等地，必须接入公共电网进行供电。屋顶电站的主要优点：一是光伏发电设施位于用户所在地，发电主要自用，可以有效减少对电网供电的依赖，在一定程度上缓解当地用电紧张的压力；二是屋顶电站模式中各个电站相互独立，用户可以自行控制，不会发生一连串的大规模用电事故，而且在意外停电时屋顶电站可以继续供电，以防止大规模停电现象的发生；三是屋顶光伏电站位于建筑物屋顶，受地域限制较小，同时有效减少了光伏电站占地面积，节省土地资源；四是屋顶电站初期建设及安装成本较低，不需要建立配电站，在运行时由于就近使用，输配电损耗相对低，因此整体成本较低。但屋顶电站同样存在一些不足，比如光伏电站安装于建筑物屋顶，一般归属于建筑物业主，一旦业主变更或者公司倒闭，可能会导致光伏电站长时间无法正常发电。另外屋顶电站一般规模较小、位置分散，统一并网难度较大，而且所处位置特殊，往往会对运行过程中的统一管理、维护造成极大困难，甚至在一些家庭屋顶电站中出现无人维护状况，导致运行效率低下、设备损耗严重。

3. 综合开发

综合开发是近些年兴起的一种光伏发电模式，主要是将光伏发电与农业、林业、牧业、渔业等结合起来共同发展，分别是农光互补、林光互补、牧光互补、渔光互补等模式，目的是使光伏发电在发展现代农业、荒地综合利用、生态林业等方面发挥综合效益，实现双赢。目前应用最广泛的光伏大棚，则代表着高效的现代农业，比传统农业有很多优势：一是光伏大棚上方是光伏发电设施，配合相关设施可以使棚内的温度、湿度实现自动检测，自动维持理想环境条件，促进植物生长，加快植物生长周期，从而增加大棚年均收益；二是中国有全球面积最大的农业大棚，这些大棚连接成片，光照丰富，是非常宝贵的太阳能资源，十分适合建设光伏发电系统，建成后还可以使大棚增加一部分发电收益；三是光伏大棚本身具有良好的外观及环保效益，再通过种植观赏性植物或者开展农产品采摘等活动来吸引游客，可以发展观光、体验一体化农业旅游项目，增加一部分观光农业收益；四是光伏发电与农业大棚结合，既充分利用了太阳能资源，又不会占用额外的土地资源，提高了土地利用率，恰好形成农光互补，做到充分优化资源配置、减少资源浪费。整体来看，综合开发的光伏发电模式的经济收益高于荒漠电站与屋顶电站模式，同时又具有一定生态效益，实现两种产业共同发展，具有较大的发展潜力。

第五节　产业政策演进与蓝晶易碳面临的政策环境

光伏产业是对政策变动相当敏感的产业，世界各国光伏市场的兴起、发展到逐步成熟都离不开政府的财政补贴、政策倾斜等。导致这种状况的根本原因在于光伏产品的技术经济性。以现有技术路径及其成本结构，如果不依靠政府财政补贴和各种刺激政策，光伏发电难以与火电、水电等传统发电技术竞争。在这种情况下，各国政府对光伏产业政策的扶持力度、变化趋势都会对本国光伏企业开工率、光伏市场发展预期、短期内光伏装机容量产生重要影响。从世界范围内主要光伏市场情况看，德国、意大利、西班牙、中国、美国、日本、印度等国在推动本国光伏产业发展时期都出台了大量扶持政策和补贴措施。比较普遍的扶持手段有上网电价补贴、配额制、税收抵免政策等，各国也会根据实际情况出台适用于本国国情的光伏产业政策，以推动光伏产业发展，促进光伏产业市场化转型。光伏产业政策大致可以分为扶持性产业政策和限制性产业政策，两种政策手段的使用从调节光伏装机容量的变化速度、引导企业对未来光伏市场的预期等多方面影响本国甚至全球光伏市场发展。

一、光伏产业的主要政策工具

完善的、成体系的光伏产业政策包含产业规范引导、税费征收优惠、财政资金补贴、地方法规、产业技术支持等多方面内容。由于德国是对光伏产业进行政策干预最早的国家，世界各国的光伏产业政策都以德国政策体系为基本框架。现阶段，世界各国主要光伏产业政策包括上网电价补贴（FiT，Feed-in-Tariff）、电价结算（Net Metering）、配额制、能源法案等。

1. 电价补贴及结算

由于光伏产业在起步阶段技术不够成熟、发电成本较高，与其他发电能源相比没有价格优势，产业发展缓慢，各国为加快本国能源转型、推动清洁能源利用和相关产业发展，往往要对提供光伏电力能源的供应主体规定较高的售电价格，并要求电力公司必须按此价格购买光伏发电。光伏电力供应主体因此获得了可观的利润空间，光伏产业得以迅速发展。上网电价补贴额度通常由光伏发电的开发成本、运行成本、合理的长期回报率为参考因素确定，对于不同项目及其研发和应用环节，补贴的额度、具体落地方式存在一定差别。

上网电价补贴政策执行迅速、见效较快，尤其能使产业发展初期的太阳能光伏发电项目获得较为合理的回报。另外，上网电价补贴是一项稳定性较好的政策措施，其补贴额度、方向的变化往往是渐进式的。因此，企业可以在一定时期内通过上网电价补贴的规定预测市场变化趋势，避免光伏市场爆发跳跃式波动，保持市场状态稳定。

近年来，随着光伏发电技术不断取得突破，相关组件和材料的供应成本都在不同程度下降，而且成本下降速度较快，传统光伏市场国家的补贴力度呈现出逐年减弱趋势。其中，德国、西班牙这类传统光伏市场国家的补贴下降趋势尤为明显。以德国 2014 年上半年上网电价补贴变化为例，针对不同装机容量范围内的屋顶光伏发电设备和地面光伏电站，上网电价补贴每月基本下调 1%。与 2012 年的上网电价补贴相比，各装机容量在范围内都下降了 4€-ct/kWh~6€-ct/kWh，三年内德国对光伏产业的上网电价补贴下降趋势明显（见表 3-5）。

表 3-5　2014 年上半年德国上网电价补贴变动情况

单位：€-ct/kWh

月份	屋顶光伏设备				地面光伏电站
	0~10kW	10kW~40kW	40kW~1MW	1MW~10MW	0~10MW
1 月	13.68	12.98	11.58	9.47	9.47
2 月	13.55	12.85	11.46	9.38	9.38
3 月	13.41	12.72	11.35	9.28	9.28
4 月	13.28	12.60	11.23	9.19	9.19
5 月	13.14	12.47	11.12	9.10	9.10
6 月	13.01	12.34	11.01	9.01	9.01

资料来源：德国联邦网络局，Monthly Reported New Installations of PV Systems and Current Feed-in Tariffs of the German Renewable Energy Act.

除了上网电价补贴（FiT），净电价结算（Net Metering）也是一种从光伏发电供给侧入手的产业扶持政策。电价结算制度要求电力公司以一定价格从安装了光伏发电设备的用户购回自用之外多余的发电量，或者从消费者总账单上扣除用于可再生能源发电数量。这种补贴方式对在公共电价较高的国家刺激效果比较明显，因而净电价结算制度在美国应用范围较广。截至2014年，美国已经有43个州出台了本州有关光伏产业净电价结算规定。

从产业刺激方向看，净电价结算制度实质上在终端消费者市场推广光伏产业，从市场终端反向加强并完善本国光伏产业链。同时，净电价结算制度主要作用对象是小规模、分布式光伏发电，对于本地利用、完善光伏市场体系具有重要意义。

2. 配额与法案规划

配额制是可再生能源发展的另一个主要配套措施，对调整和完善本国能源消费结构有积极影响。在逐步开放的电力市场中，光伏等可再生能源面临着与浮动电价的火电相竞争的局面，因而各国都会设计和制定能源发展总体目标，并依据总体目标，在各种发电电源之间分配上网额度。

配额落地、实施与一国的能源法案、中长期发展规划等紧密相关，一般由政府有关部门测算和调整，通过法案、规划等形式规定本国电力装机容量目标、发展速度、地域分布等。实际上，这一政策看似市场化属性较弱，但能够在特定时期内一定程度上刺激本国光伏市场快速、健康发展，同时也有助于简化大型光伏电厂、分布式光伏电站或小型光伏发电网点建设审批程序，避免光伏产业立项层层审批。

值得注意的是，对企业而言，配额制还可以发挥优胜劣汰作用。政府指定分配发电量及装机容量额度时必然会向资质好、产品技术含量高、有发展潜力的企业倾斜，从而将规模小、产品质量较低的企业淘汰于市场竞争前端，进而有效规避补贴刺激下产能过剩导致的资源浪费和无序竞争。

二、世界主要国家光伏产业政策实践

产业政策的实际运用要与全球光伏产业发展状况、一国宏观经济运行以及国内光伏产业发展状况相结合，并往往具有一定的延续性和连贯性。

1. 德国

作为全球光伏产业发展较早、体系建设较完善、装机容量一直保持欧洲地区领先地位的国家，德国的光伏产业政策为世界各国制定光伏产业政策提供了参考和借鉴（见表3-5）。早在1990年，德国政府就颁布了《电力输送法》，1991年又颁布了《可再生能源电力并网条例》，这两项法案对德国的可再生能源发电并网做出规定，并设定了最低并网电价。1991 年，德国开始实施"千户太阳能电池屋顶计划"。计划规定，政府将为每位安装太阳能屋顶的用户提供补贴。1998 年，德国进一步颁布了"十万光伏屋顶计划"，计划在 6 年安装 300MW~500MW 光伏系统。此举要求高价收购居民的太阳能电力并汇入电网，同时通过优先贷款鼓励居民购买太阳能发电设备，对其贷款进行贴息。先后两轮实施的"屋顶计划"是光伏产业政策的典型实践，直接把太阳能光伏技术和产品应用推向居民住户，有利于在整个社会范围内形成利用新能源发电环境。

值得一提的是，2000 年德国颁布了《可再生能源法》，并在 2004 年、2008 年、2010 年、2012 年先后四次进行修正，这也是全球光伏产业中政策持续时间最长的法案。4 次修正分别针对上网电价细化、上网电价降幅以及光伏发电系统补贴额的变动幅度进行了新的解释和说明。以这 4 次法案修正为契机，德国开启了减少光伏产业补贴额度进程，不仅减轻了金融危机下的国家财政压力，更重要的是通过减少补贴额，推动德国光伏产业结构调整和新能源利用结构优化，加快将德国的光伏产业推向市场化。

2012 年 3 月，德国通过了一部新的光伏补贴削减法案，规定自当年 4 月 1 日起，政府的光伏补贴削减 29%。其中，10kW 以下屋顶光伏系统的新上网电价补贴将为 0.195 欧元/kWh（0.261 美元/kWh）；1MW 以下屋顶光伏系统补贴费率为 0.165 欧元/kWh（0.221 美元/kWh）；1MW~10MW 地面支架系统和屋顶光伏系统补贴费率为 0.135 欧元/kWh（0.180 美元/kWh）。补贴下调倒逼德国光伏市场转向住宅发电系统，降低装机量势必危及德国国内制造商的生存。2012 年 4 月，德国最大的太阳能电池生产企业 Q-Cells 向法院提交了破产申请，而这也并不是德国第一家申请破产的太阳能企业。受全球光伏市场变化和国内光伏政策调整影响，2011 年底以来，Solon 和 SolarMillenium、ScheutenSolar、Solarhybird 和 Odersun 等德国光伏企业先后宣布破产。

除了上述补贴政策措施之外，德国在其光伏产业发展过程中的一系列配套扶持计划也在该国光伏产业发展中发挥了重要作用。在平台构建和信息共享方面，德国参与并建立了信息讨论平台、"阿姆斯特丹论坛"、欧盟战略能源技术规划（SET-plan）和欧洲智能能源行动等光伏产业联盟和技术共享平台。同时，德国能源署（DENA）为国内及欧盟成员国的光伏企业提供项目咨询和资金支持。这些措施有效推动了德国光伏产业的信息交流和共享。在科研投入方面，1997 年，德国开始实施能源研究计划，到 2011 年共推出了 6 期。在 2011 年开始实施的第六期能源研究计划中，德国政府计划投入 35 亿欧元用于推动新能源研发，比第五期研究经费投入增加了 75%。由此可见，德国政府对新能源技术研发的重视程度不断提高。除了政府的科研经费支持以外，德国复兴信贷银行（KfW）等金融机构积极为新能源的开发应用提供贷款和融资支持，地方各州也积极配合中央政府，切实制定符合本州实际情况的补贴和计划，如北威州 2008 年制定了对社会住房使用太阳能进行补贴的政策。

表 3-6　德国光伏产业政策及主要政策工具

时间	名称	内容要点
1990 年	《电力输送法》	德国最早一部可再生能源法案
1991 年	《可再生能源电力并网条例》	可再生能源发电必须并网，制定最低并网电价
1991 年	千户太阳能电池屋顶计划	开创政府支持太阳能光伏产业发展先河；为每位安装太阳能屋顶住户提供补贴
1998 年	十万光伏屋顶计划	计划 6 年安装 300MW~500MW 光伏系统；采取两种鼓励办法：一是高价收购居民的太阳能电力汇入总电网；二是通过贷款优先鼓励居民购买太阳能发电设备，并对其贷款贴息
2000 年	《可再生能源法》	可再生能源以固定电价入网
2004 年	修订《可再生能源法》	对上网电价进行细化，对民用细分市场提高电价，规定新的价格降低速度
2008 年	修订《可再生能源法》	将 2009 年开始的新上网电价降低约 15%
2010 年	修订《可再生能源法》	2010 年 7 月 1 日以后在德国境内建造的光伏发电系统补贴额减少 13%，转换地区（非电站用地转成电站用地）补贴额减少 8%，其他地区补贴额减少 12%；2010 年 10 月，补贴额在 7 月 1 日的基础上再减少 3%
2011 年	内阁协议	2012 年 1 月 1 日起，FIT 补贴下调 9%；光伏系统安装量一旦超过 3.5GW 的年度限额，每超出 1GW 补贴进一步下调 3%
2012 年	修订《可再生能源法》	制定可再生能源发电供应目标；2012 年 1 月 1 日起，光伏补贴将减少 1.5%~24%，新增光伏装机容量达到 2500MW~3500MW 后，平均下降幅度调整为 9%；对建筑物内部和发电站的特殊补贴将持续到 2013 年

资料来源：根据 IERNA、IEA 等网站资料整理。

2. 美国

一般而言，各国产业政策的落地途径都是中央政府出台指导性建议、规划，再由地方政府根据实际情况和建议，规划制定本地方的具体实施规划及安排，这种方式在美国体现得尤为明显，更特别的是美国各州政府出台的光伏产业政策有相当大独立自主性，实际监管和促进力度也更强。

美国光伏产业政策由联邦政府和各州政府两个体系共同组成（见表3-7和表3-8）。在联邦政府层面上，光伏产业扶持政策主要是通过联邦法案、"屋顶计划"等实现，目前最主要的法案为"Solar America Initiative"（SAI）；而在州政府层面上，则更多运用税收优惠和减免政策来降低光伏发电系统投资成本，以推动光伏产业的推广和应用。与德国一样，美国在光伏产业扶持政策上推出了"太阳能屋顶计划"，1997年和2008年的"太阳能屋顶计划"在太阳能利用规模上提出了明确目标。而与德国不同的是美国在光伏产业上的财税政策不是针对补贴额度，而是集中于税收减免。税收减免政策更直接激发了光伏企业的投资热情、拓展了美国光伏产业的融资渠道，能够在更大程度上减轻联邦政府和州政府的财政负担，对美国这样一个高度市场化的国家来说更加适合国情。

表 3-7　美国联邦政府的光伏产业政策

发文时间	文件名称	内容要点
1978 年	《公共事业管制政策法》	关于可再生能源的最早立法
1992 年	《能源政策法》	提出减税政策
1997 年	太阳能百万屋顶计划	计划在 2010 年以前在 100 万座建筑物上安装太阳能系统
2005 年	《能源政策法》修正案	对商业光伏系统，30% 的税收抵扣实行 2 年，之后为 10%；对住宅光伏系统，30% 税收抵扣实行 2 年，2000 美元封顶
2008 年		延长《能源政策法》修正案时间，商业光伏项目投资税收减免延长 8 年；住宅光伏项目投资税收减免政策延长 2 年，取消每户居民光伏项目 2000 美元的减税上限
2010 年	千万太阳能屋顶计划	从 2012 年开始投资 2.5 亿美元；2013~2021 年，每年投资 5 亿美元用于太阳能屋顶计划，目标是在未来十年内安装 1000 万套太阳能屋顶光伏发电系统
2012 年	光伏投资减免税政策	对住宅及商业光伏系统的买家进行一定程度的税收减免，减免额为系统安装成本的 30%，至 2016 年底到期

资料来源：根据 IERNA、IEA、SEIA 等网站资料整理。

表 3-8　美国各州部分财政激励计划

地区	计划	主要内容
加利福尼亚	财产税减免	加州居民购置民用光伏系统可获得财产税减免，最高减免额可至系统的购置成本
	太阳能激励计划	从 2007 年开始，为家庭安装和商用并网发电的光伏系统提供约 33 亿美元的装机补贴，初期补贴力度为每瓦 2.8 美元，后期补贴力度以每年不低于 7%的比例递减，直至 2016 年止
亚利桑那	公共部门项目能源投资	学校、政府或机构购置光伏照明、加热等设备可享受最长 15 年、利率为 1%的低息贷款
	非住宅太阳能和风电税收抵免	学校、政府、非营利机构、农业和工业企业购置太阳能照明、加热或制冷设备，设备安装成本的 10%可抵减企业所得税
	能源设备财产税减免	太阳能加热、制冷、照明设备及热电设备等购置时增值部分可全额在资产税前扣除
	太阳能销售税减免	太阳能加热、制冷、照明设备及热电设备等免征消费税
新泽西	太阳能销售税减免	太阳能加热、制冷、照明设备及热电设备等免征消费税
	可再生能源系统财产税减免	太阳能加热、制冷、照明设备及热电设备等购置时增值部分可全额在资产税前扣除
	太阳能再生能源证券	太阳能再生能源证券
内华达	循环贷款项目	商业、工业企业及政府购置太阳能加热设备、太阳能热点设备可获得最长期限为 15 年、利率为 3%的低息贷款
	可再生能源销售和使用税减税	商业、工业企业及政府购置太阳能热点设备仅需缴纳内华达州税率为 2.25%的消费与使用税
北卡罗莱纳	太阳能激励项目	安装屋顶太阳能系统的消费者，如果产能达到 500 千瓦，生产每千瓦时电即可收到 0.18 美元
	能源改善贷款	在北卡罗莱纳州商业及其他非民用组织再生能源项目可获得利率为 1%的低息贷款。贷款额最高 50 万美元，10 年还清
马萨诸塞	太阳能可再生能源证券	太阳能可再生能源证券
	替代能源和节能专利豁免	出售或租赁有关储能及替代能源开发的美国专利所取得的所有收入可全额税前扣除
宾夕法尼亚	太阳能激励项目	该项目为使用太阳能及提高能效的技术提供贷款、资金及贷款担保支持
	太阳能返利计划	该项目为居民及小型商业居民安装光伏及太阳能集热系统提供资金返还
夏威夷	固定价格政策	上网电价制度
	绿色基础设施债权	2013 年 7 月，夏威夷立法允许商业、经济发展及旅游部门发行绿色基础设施债权，为安装清洁能源提供低息资金
新墨西哥	太阳能市场发展税收抵免	新墨西哥为居民及农业企业安装光伏及太阳能集热系统提供 10%的个税减免

资料来源：Database of State Incentives for Renewable & Efficiency.

在州政府层面，美国各州以税赋奖励、补贴和提升再生能源发电比例为主要实施方案。其中，税赋补贴和奖励部分，以企业租税优惠和补助为主，并提供无息或低利率贷款以增加企业投资再生能源产业的动力。同时，对于企业和个人，采取所得税抵免、生产奖励、营业税抵扣、回馈奖励机制。而在提升再生能源发电比例方面，美国目前共有 18 个州提出相关计划，并有 6 个州更明确地提出了太阳能发电占整体再生能源发电比例的目标。美国联邦政府和各州政府多元化、创新性的支持政策，共同推动美国光伏应用市场迅速发展。

3. 日本

与德国、美国不同的是，日本光伏产业政策是从技术扶持政策着手。1974 年、1978 年和 1989 年，日本先后针对新能源技术开发、节能技术开发、环境保护技术开发出台了相应规划，并于 1993 年将上述三个规划整合为"新阳光计划"，从技术上为光伏产业在日本的发展奠定了基础（见表 3-9）。同时，政府政策在技术上的支持也使得日本在光伏产业价值链上游始终占据一席之地，成为获得利润较高、产业发展较快、具备很大市场潜力的国家。

表 3-9　日本主要光伏产业政策

政策出台时间	政策（文件）名称	主要内容
1993 年	新阳光计划	将 1974 年的"新能源技术开发计划"、1978 年的"节能技术开发计划"、1989 年的"环境保护技术开发计划"合并，大力支持新能源发展，促使新能源成为重要能源供应方式
1994 年	《新能源导入大纲》	对居民安装光伏发电系统提供补贴，补贴额度接近 50%，以后逐年递减至 0；政府以电网售电价格收购光伏系统发电电力
2002 年	《新能源电力发电法》	
2006 年		终止住宅建筑用光伏补贴政策
2008 年	重启光伏发电补贴政策	投资补贴为主，净电表制为辅；配合其他类型的税收优惠和保障政策
2012 年	调整上网电价补贴	7 月开始日本实行可再生能源上网电价补贴政策，每千瓦时 42 日元
2013 年	调整上网电价补贴	日本开始削减光伏补贴，借此鼓励企业投资其他可再生能源，将上网电价补贴率削减至 35~39 日元
2014 年	调整上网电价补贴	商业发电项目（装机量大于 10kW）上网电价补贴费率从每千瓦时 36 日元下降至 32 日元；住宅系统的补贴费率，从每千瓦时 38 日元下降至 37 日元

资料来源：根据中研网、IERNA、IEA 等网站资料整理。

从政策调整情况来看。2011 年福岛核泄漏之后，日本政府可再生能源政策出现了新一轮变化。2012~2014 年，日本每年都会针对光伏产业的上网电价补贴进行调整。虽然总体补贴额度有所下降，但是基本保持在 30日元/千瓦时水平上，是全球光伏上网电价补贴额度较高的国家之一。另外，2014 年开始日本已经超越欧盟，成为中国最大的光伏产品贸易国，光伏市场不断扩展。

三、中国光伏产业政策

光伏产业具有对政策扶持依赖度高的鲜明特点。我国光伏产业起步和发展初期的产业政策及其主要工具在很大程度上借鉴了德国、西班牙等欧洲光伏产业先行国家经验。在政府大力扶持系下，中国光伏产业起步虽较晚，2009 年前后才进入较快的发展阶段，但成长速度快，已经成为全球光伏市场的主要领导力量。

1. 光伏产业政策调整

中国光伏产业发展并不均衡，自 2007 年起，中国光伏电池及组件，产量位居世界第一，其中 90% 以上用于出口，仅有不到 10% 用于国内光伏装机。2007 年中国光伏新增装机量仅为 20MW。2009 年，政府出台"太阳能屋顶计划"和"金太阳示范工程"，中国光伏装机容量开始呈现爆发式增长。2012 年，由于美国和欧盟先后对中国实施"双反"政策，对相关光伏产品出口企业征收反倾销税和反补贴税，加之全球性产能过剩，中国光伏产业经历了一个剧烈变动期。2015 年开始，随着产能过剩状况开始好转，国家能源局出台"领跑者"计划，光伏产业转而实现复苏性增长。

在光伏产业发展过程中，政府政策的作用十分突出。目前，我国已形成较为完整的光伏产业政策体系，涵盖产业技术路线、规范标准、扶持重点项目、财政资金补贴、税费优惠等产业发展诸多方面（见表 3-10 和表3-11）。

表 3-10 中国主要光伏产业政策（1994~2014 年）

年份	政策名称	部门
1994	《电力工业科学技术发展规划》	电力工业部
1995	《新能源和可再生能源发展纲要》	国家计委、国家科委、国家经贸委
1997	《新能源基本建设项目管理的暂行规定》	国家计划委员会
2001	《新能源和可再生能源产业发展"十五"规划》	国家经济贸易委员会

续表

年份	政策名称	部门
2005	《上网电价管理暂行办法》	国家发展和改革委员会
2005	《中华人民共和国可再生能源法》	全国人大常委会
2006	《可再生能源发电价格和费用分摊管理试行办法》	国家发展和改革委员会
2008	《可再生能源发展"十一五"规划》	国家发展和改革委员会
2009	《中华人民共和国可再生能源法（2009 修正）》	全国人大常委会
2009	《关于加快推进太阳能光电建筑应用的实施意见》	财政部、住房和城乡建设部
2009	《关于实施金太阳示范工程的通知》	国家能源局、财政部、科技部
2011	《关于完善太阳能光伏发电上网电价政策的通知》	国家发展和改革委员会
2013	《关于发挥价格杠杆作用促进光伏产业健康发展的通知》	国家发展和改革委员会
2013	《光伏电站项目管理暂行办法》	国家能源局
2014	《关于实施光伏扶贫工程工作方案》	国家能源局、国务院扶贫开发领导小组办公室

资料来源：作者整理。

表 3-11　2010~2015 年 6 月各部委出台的主要光伏产业政策

发文时间	发文部门	文件名称	主要内容
2010 年	国务院	《关于加快培育和发展战略性新兴产业的决定》	将太阳能光伏发电纳入新能源产业
2010 年	能源局	《能源产业振兴规划》	通过太阳能屋顶计划等措施，实现 2020 年 1000 万千瓦目标
2011 年	发改委	《产业结构调整指导目录》	首次将新能源作为单独列入主导目录的鼓励类，包括太阳能光伏发电
2011 年	工信部	《多晶硅行业准入申请标准》	为国内光伏发电市场的启动准备列入条件
2011 年	发改委	《关于完善太阳能光伏发电上网电价政策的通知》	标杆上网电价：按照相关规定执行 每千瓦时 1.15 元或 1 元
2012 年	财政部科技部能源局	《关于做好金太阳示范工作的通知》	项目单位资本金不低于项目投资的 30%。光伏发电集中应用示范项目需整体申报，总装机容量不小于 10MW，分散建设的用户侧发电装机容量不低于 2MW
2012 年	能源局	《关于申报分布式光伏发电规模化应用示范区的通知》	每个省（区、市）申报支持的数量不超过 3 个，申报总装机容量原则上不超过 50 万千瓦；国家对示范区的光伏发电项目实行单位电量定额补贴政策，对自发自用电量和多余上网电量实行统一补贴标准
2012 年	能源局	《分布式光伏发电示范区实施方案编制大纲》	标志着分布式发电示范项目正积极落实

续表

发文时间	发文部门	文件名称	主要内容
2012 年	国家电网	《关于做好分布式光伏发电并网服务工作的意见》	以 10 千伏及以下电压等级接入电网，且单个并网点总装机容量不超过 6MW；分布式光伏发电项目免收系统备用费；并网权限下放到地市公司，并网流程办理周期约 45 个工作日；分布式光伏接入引起的公共电网改造，及接入公共电网的全部费用由电网承担
2012 年	国务院	《中国的能源政策（2012）》白皮书	大力发展新能源和可再生能源，积极利用太阳能
2013 年	能源局	《分布式光伏发电示范区工作方案》	自发自用电量和多余上网电量均按照统一标准补贴，中央财政不再给予项目投资补贴；在国家补贴标准之外，地方政府可给予项目投资补贴或增加度电补贴；用户从电网购电执行正常的用电价格政策，多余光伏发电量上网，由电网企业按照当地脱硫燃煤火电标杆电价收购；光伏发电项目可由电力用户自建，也可采用合同能源管理方式
2013 年	国务院	《关于促进光伏产业健康发展的若干意见》	即"光伏国八条" 新上项目单晶电池效率高于 20%、多晶电池高于 18%，与当前效率同比上升 6%；定义高效产能标准，接近平网电价激发自主性安装需求；明确了大力支持用户侧应用，发电主体售电资格落实，光伏发电纳入地方政府考核范围，扫清政府障碍；制定标杆电价制度，明确补贴年限 20 年，吸引长期资金进驻；提高可再生能源电价附加解决补贴资金；补贴按月结算提高支付及时性
2013 年	发改委	《分布式发电管理暂行办法》	对于以 35 千伏及以下电压等级接入配电网的分布式发电，电网企业应按专门设置的简化流程办理并网申请，并提供咨询、调试和并网验收等服务；鼓励结合分布式发电应用建设智能电网和微电网，提高分布式能源利用效率和安全稳定运行水平
2013 年	财政部	《关于分布式光伏发电实行按照电量补贴政策等有关问题的通知》	补贴标准综合考虑分布式光伏上网电价、发电成本和销售电价等情况确定；电网企业按用户抄表周期对列入分布式光伏发电项目补贴目录内的项目发电量、上网电量和自发自用电量等进行抄表计量，作为计算补贴的依据
2013 年	发改委	《关于发挥价格杠杆作用 促进光伏产业健康发展的通知》	标杆上网电价：每千瓦时 0.9 元、0.95 元和 1 元，执行期限为 20 年；对分布式光伏发电实行按照全电量补贴政策，电价补贴标准为每千瓦时 0.42 元
2013 年	能源局	《关于开展分布式发电应用示范区建设的通知》	确定北京海淀区中关村海淀园等 18 个园区为第一批分布式光伏发电应用示范区
2013 年	南方电网	《关于进一步支持光伏等新能源发展的指导建议》	从并网服务、购售点服务、并网调度管理等方面全面支持新能源有序协调发展

续表

发文时间	发文部门	文件名称	主要内容
2013 年	能源局、国家开发银行	《关于支持分布式光伏发电金融服务的意见》	国开行支持各类以"自发自用、余量上网、电网调节"方式建设和运营的分布式光伏发电项目；国开行向融资平台提供授信，融资平台以委托贷款等有效的资金运作方式，向符合条件的对象提供融资支持
2013 年	财政部国家税务总局	《关于光伏发电增值税政策的通知》	对纳税人销售自产的利用太阳能生产的电力产品，实行增值税即征即退 50% 的政策
2013 年	能源局	《光伏电站项目管理暂行办法》	光伏电站项目接网意见由省级电网企业出具，分散接入低压电网且规模小于 6 兆瓦的光伏电站项目的接网意见由地市级或县级电网企业出具；经国家认可的检测认证机构检测合格的设备，电网企业不得要求进行重复检测
2013 年	工信部	《光伏制造行业规范条件》	规定了光伏制造企业的成立条件、产品类型、产品标准、新建和改扩建要求以及环境保护标准
2013 年	工信部	《光伏制造行业规范公告管理暂行办法》	目的在于推动《光伏制造行业规范条件》的有效实施，促进光伏产业结构调整和转型升级
2013 年	能源局	《关于征求 2013 年、2014 年光伏发电建设规模意见的函》	分省市区制定具体的年度安装规模，备案的项目能领取补贴；制定补贴发放、发电计量等具体规则
2013 年	银监会	《促进银行业支持光伏产业健康发展的通知》	授信客户导向管理；授信客户分类管理；动态名单管理；灵活信贷管理；支持兼并重组；创新金融产品；规范费率管理
2013 年	能源局	《关于印发分布式光伏发电项目管理暂行办法的通知》	分布式光伏发电实行"自发自用、余电上网、就近消纳、电网调节"运营模式；鼓励项目投资经营主体与同一供电区内的电力用户在电网企业配合下以多种方式实现分布式光伏发电就近消纳
2013 年	财政部	《关于对分布式光伏发电自发自用量免征政府性基金有关问题的通知》	对分布式光伏发电自发自用电量免收可再生能源电价附加、国家重大水利工程建设基金、大中型水库移民后期扶持基金、农网还贷资金 4 项针对电量征收的政府性基金
2014 年	能源局	《关于下达 2014 年光伏发电年度新增建设规模的通知》	全国装机量总规模由 12GW 增加到 14.05GW，其中地面电站由 400MW 上升到 605MW，分布式仍然保持 800MW
2014 年	认监委能源局	《关于加强光伏产品检测认证工作的实施意见》	接入公共电网的光伏发电项目和享受各级政府补贴的非并网独立光伏发电项目，须采用经国家认监委批准的认证机构认证的光伏产品；建立健全硅材料及硅片、光伏电池及组件、逆变器及控制设备等关键产品的检测认证平台
2014 年	央行	《2014 年信贷政策》	明确要求银行金融机构支持光伏产业发展

续表

发文时间	发文部门	文件名称	主要内容
2014 年	能源局	《关于印发加强光伏产业信息监测工作方案的通知》	通过光伏产业信息监测体系的建立，加强对产品制造、市场应用、并网服务、补贴拨付、行业管理等环节的重要信息监测，全面掌握光伏产业发展动态
2014 年	能源局	《关于明确电力业务许可管理有关事项的通知》	简化发电类电力业务许可证申请有关事项
2014 年	能源局工商总局	《风力发电场、光伏电站购售电合同示范文本》	促进风电、光伏发电科学发展，规范电网企业与风电、光伏发电企业之间购售电行为
2014 年	能源局	《关于进一步落实分布式光伏发电有关政策的通知（征求意见稿）》	鼓励开展多种形式的分布式光伏发电应用，重点支持屋顶面积大、用电负荷大、电网供电价格高的工业园区和大型工商企业开展光伏应用，使具备条件的大屋顶资源得到充分利用
2014 年	能源局	《关于加强光伏电站建设和运行管理工作的通知（征求意见稿)》	加强太阳能光伏电站规划管理工作；统筹推进大型光伏电站基地开发规划；以年度规模管理引导光伏电站与配套电网的协调建设；规范项目配置方式和管理；加强电网接入和运行服务
2014 年	能源局	《关于进一步落实分布式光伏发电有关政策的通知》	又称"分布式新政"；加强分布式光伏发电应用规划工作；鼓励开展多种形式的分布式光伏发电应用；加强对建筑屋顶资源使用的统筹协调；在用电负荷显著减少（含消失）或供用电关系无法履行的情况下，允许变更为"全额上网"模式
2014 年	能源局扶贫办	《关于印发实施光伏扶贫工程工作方案的通知》	重点在地方积极性高、配套政策具备、已有一定工作基础的宁夏、安徽、山西、河北、甘肃、青海 6 省 30 个县开展首批光伏试点
2014 年	能源局	《关于规范光伏电站投资开发秩序的通知》	建设具有综合经济效益和社会效益的光伏电站项目；针对光伏电站项目开发周期短的特点，对备案文件的有效期限以及撤销、变更的条件和流程应作明确规定；制止光伏电站投资开发中的投机行为；禁止各种地方保护和增加企业负担行为
2014 年	能源局	《关于做好 2014 年光伏发电项目接网工作的通知》	对 2013 年 12 月底前已完成备案（或核准）的光伏发电项目，确认纳入符合国家按发电量补贴的范围，争取早日建成并网运行；对 2013 年 12 月底前已办理备案（或核准）手续但没有开展实质性建设的项目应及时清理
2015 年	能源局	《关于下达 2015 光伏发电建设实施方案的通知》	2015 年下达全国新增光伏电站规模为 1780 万千瓦；鼓励各地区优先建设 35 千伏及以下电压等级（东北地区 66 千伏及以下）接入电网、单个项目容量不超过 2 万千瓦且所发电量主要在并网点变电台区消纳的分布式光伏发电项目

续表

发文时间	发文部门	文件名称	主要内容
2015年	能源局	《关于征求发挥市场作用 促进光伏技术进步和产业升级意见的函》	多晶硅电池组件转换效率不低于15.5%，单晶硅电池组件转换效率不低于16%；多晶硅、单晶硅、薄膜电池组件自投产运行之日起，一年内衰减率分别不高于2.5%、3%、5%；并网逆变器加权效率应满足：带变压器型不得低于96%，不带变压器型不得低于98%
2015年	国务院	《国务院关于推进国际产能和装备制造合作的指导意见》	积极参与有关国家风电、太阳能光伏项目的投资和建设，带动风电、光伏发电国际产能和装备制造合作。积极开展境外电网项目投资、建设和运营，带动输变电设备出口

资料来源：根据国家各相关部委网站信息整理。

  我国针对光伏产业发展出台的政策可以追溯至1994年电力工业部发表的《电力工业科学技术发展规划》，但由于成本、技术等方面限制，我国光伏发电市场直到2009年才开始真正起步，而这在很大程度上得益于政府实施的"太阳能屋顶计划"、"金太阳示范工程"。2009年3月，财政部、住房和城乡建设部出台《关于加快推进太阳能光电建筑应用的实施意见》提出，在条件适宜地区开展一批光电建筑应用示范工程，主要是在产业基础较好的大中城市推进光电建筑一体化示范，在农村与偏远地区发展离网式发电，实施送电下乡，并在项目初始投入时予以一定补助。2009年7月，国家能源局、财政部、科技部出台《关于实施金太阳示范工程的通知》，决定从可再生能源专项资金中安排一定资金，支持光伏发电技术在各领域的示范应用及关键技术产业化。这些计划的实施大大带动了光伏产业的发展。

  2011年7月，国家发改委发布了《关于完善太阳能光伏发电上网电价政策的通知》，制定了全国统一的太阳能光伏发电标杆上网电价，规定2011年7月1日及以后核准的太阳能光伏发电项目，以及2011年7月1日之前核准但截至2011年12月31日仍未建成投产的太阳能光伏发电项目，除西藏仍执行每千瓦时1.15元的上网电价外，其余省（区、市）上网电价均按每千瓦时1元执行；通过特许权招标确定业主的项目，其上网电价按中标价格执行，但不得高于太阳能光伏发电标杆电价；享受中央财政资金补贴的项目，其上网电量按当地脱硫燃煤机组标杆上网电价执行。

2013 年 8 月，国家发改委发布《关于发挥价格杠杆作用促进光伏产业健康发展的通知》，进一步完善光伏发电项目价格政策，根据各地太阳能资源条件和建设成本，将全国分为 I 类资源区、Ⅱ 类资源区、Ⅲ 类资源区，光伏电站标杆上网电价分别为 0.90 元/千瓦时、0.95 元/千瓦时、1.0 元/千瓦时，并规定对分布式光伏发电实行按照全电量补贴政策，电价补贴标准为每千瓦时 0.42 元，分布式光伏发电系统自用有余上网的电量，由电网企业按照当地燃煤机组标杆上网电价收购。

随着中国经济进入新常态，国家能源转型步伐加快，可再生能源政策体系不断完善。2015 年 3 月，国家能源局印发《关于下达 2015 年光伏发电建设实施方案的通知》，其中规定 2015 年全国新增光伏电站建设规模为 1780 万千瓦，各地区当年计划新开工的集中式光伏电站和分布式光伏电站的总规模不得超过下达的新增光伏电站建设规模，且规模内项目可以享受国家可再生能源基金补贴资格。

2015 年 6 月，国家能源局、工业和信息化部、国家认证认可监督管理委员会共同出台了《关于促进先进光伏技术产品应用和产业升级的意见》，提出了一系列措施来改善这些问题，包括提高光伏产品市场准入标准并设置具体技术指标、发挥市场对技术进步的引导作用、加强工程产品质量管理等，而其中最引人注目的内容是提出实施"领跑者"计划。主要是建设先进技术光伏发电示范基地、新技术应用示范工程等，在政府未来的财政支持和采购中，也将优先使用"领跑者"企业的技术或产品。

2016 年 3 月，国家能源局发布《关于在能源领域积极推广政府和社会资本合作模式的通知》，明确在能源领域积极推广政府和社会资本合作模式（Public-Private Partnership，PPP）。能源领域推广 PPP 模式主要适用于政府负有提供责任又适宜市场化运作的公共服务、基础设施类项目，包括三大类项目，第一类就是电力及新能源项目，涵盖分布式能源发电项目、光伏扶贫项目等。要在能源 PPP 项目审批方面建立绿色通道，缩短办理时限。此外，还规定对可再生能源及分布式光伏发电等 PPP 项目，符合财政投资补贴条件的，各级能源主管部门应积极探索机制创新和政策创新，鼓励财政补贴向 PPP 项目倾斜。

2. 我国光伏产业政策存在的问题

虽然我国已经成为全球主要光伏市场，新增光伏装机容量自 2013 年开始稳居世界第一、在全球累计光伏装机容量市场份额中占比超过 15%，但是我国光伏产业发展和产业政策存在一些突出问题。这些问题会随着产业发展逐渐显现，进而对光伏产业可持续发展产生不利影响。

第一，政策实施效果有待提高。我国光伏产业发展至今，建设示范工程、示范园区是常用的政策工具。不可否认，示范工程、示范园区项目在我国光伏产业发展之初确实起到一定的积极作用，也正是这种"示范性"，导致政策落地对接存在的问题较多。示范项目申报时出现瞒报多报现象，影响资金使用效率。另外，以建设示范工程、示范园区为主导的扶持政策，使得部分省份不顾本省经济发展状况、自然资源条件，争相引进光伏企业，造成政府财政资金浪费，项目运行效果差。反观发达国家的新能源扶持政策，往往直接对接居民和企业，从终端消费者和企业两个层面入手，避免地方政府盲目推动本地区光伏项目的发展，其政策效果更好、实际扶持效率更高。以美国为例，美国政府出台持续且抵扣力度较大的光伏企业投资抵免税政策，这一举措使得美国光伏企业投资直接获益，参与积极性更高。一方面，政策减轻了政府发展光伏产业的财政压力，另一方面也拓宽了产业融资渠道。对于光伏产业具有重要的推动作用。需要强调的是，产业政策制定和出台需有一定的灵活性，从而使产业政策在一定时期内能够适应复杂多变的全球市场，这一点尤其要体现在中央与地方政府扶持政策关系上。一直以来，地方光伏产业政策主要是对中央政策的进一步细化，针对本地实际情况提出的具体实施措施，缺乏政策制定的自主性。部分地方政府过度解读中央政策，对当地光伏产业实施过度扶持，导致重复建设，引发产能过剩，浪费当地资源以及金融支持。因此，在产业政策制定上，地方政府应充分发挥制度创新的能动性，重视发挥本地优势，形成具有本地特色、适应本地需求的政策。同时，中央在政策制定过程中要更加重视调整和优化结构，简政放权，进一步调动地方政府的主动性。

第二，前沿技术研发的政策扶持力度不够。与我国多数产业发展相似，光伏产业的切入点是位于产业链中下游、技术含量较低的太阳能电池板生产、相关组件安装等环节。鉴于这种情况，在产业发展初期，政府对光伏产业有针对性的技术研发扶持较少。国内光伏企业大部分高端原材料都必须从德国、日本等技术领先国家进口，而后加工出口。这种产业发展模式导致我国光伏产业"两头在外"问题突出，国内光伏产业发展受到海外原料进口国和产成品出口国的严重制约，在光伏产业国际分工体系中处于劣势。在领先技术研发方面，日本的经验值得借鉴。早在1974年，日本政府就出台光伏产业技术的扶持政策，为日本光伏技术突破和储备打下了坚实基础。2002年，日本新能源和工业技术发展组织推出"光伏发电技术研发五年计划（2001~2005）"。在这一计划下，该组织开展了"高效太阳能电池和组件研发"、"大规模利用光伏系统的开发"、"光伏发电技术创新的调查"三个项目，集中扶持企业加快技术创新，带动日本高纯度多晶硅等产品在全球光伏市场上长期占据领先位置。美国也在光伏技术研发方面投入了大量资金和政策支持，尤其是在薄膜电池领域，美国先发优势明显。

第三，缺少推动产业市场化的政策抓手。目前，我国成为全球光伏市场中发展最为迅速的国家之一，在国际市场的影响力不断加强。然而，这种强大的影响力和较快的发展速度都是建立在大规模财政补贴、政策倾斜基础上的。在特定时期内，光伏产业发展的政策依赖度较高，但持续时间长、补贴规模大的扶持政策给我国财政造成了较大压力。另外，长期、稳定的光伏产业政策补贴也会导致一些企业缺乏自主融资、拓展融资渠道意识和积极性。近年来，光伏产业起步较早的德国、西班牙等欧盟国家先后通过缩减上网电价补贴等方式加快推动本国光伏产业市场化改革，以减轻光伏产业发展对本国财政造成的压力。而美国采取投资税抵免政策也意在通过对企业投资的直接补贴，拓展融资渠道，减轻政府补贴压力。因此，未来全球光伏产业政策调整是向着市场化方向改革、减轻国家财政负担的方向推动，光伏产业发展将逐步由政策导向型向市场导向型转变，这为中国政府创新政策工具带来了新的挑战。

第四，光伏补贴财政压力增大，部分项目补贴到位不及时。近年来，国家加大风电、光伏发电扶持力度，全国新能源装机容量急剧扩大。目前，各级政府补贴已占光伏电站电费收入的2/3左右。随着光伏发电装机容量激增，火电标杆上网电价下调，国家可再生能源附加金补贴标准难以支撑日益增大的补贴规模，加之经济下行，地方政府财政吃紧，导致2015年以来新能源发电"欠补"成为行业发展和项目运营面临的普遍而突出的矛盾。据统计，截至2015年上半年，约有25GW的光伏发电项目未能获得补贴，拖欠光伏发电企业补贴资金高达100亿元，这种形势直接影响项目预期收益，制约能源转型效果。

第六节　中国光伏产业未来发展方向

一、跟踪前沿技术，提高产业竞争力

2015 年上半年，第六版国际光伏技术路线图在光伏技术路线图大会正式公开，新的太阳能光伏发展方向得以进一步明确，其中关键环节就是晶硅光伏价值链中继续削减成本的技术突破。根据最新版技术路线图，在过去几年，光伏行业的价格经验曲线基本遵循每增加一倍累计光伏组件出货量，平均销售价格下降约 21% 的规律。据推测，这一规律在未来相当一段时期仍作用于光伏产业发展。因此，今后推动光伏产业发展的关键因素将集中体现在光伏组件技术进步、太阳能电池前后面新概念落地以及硅片和组件技术的改进上。

在材料方面，多晶硅依然是晶硅组件生产环节中成本最高的部分。鉴于此，改进多晶硅提纯技术、降低多晶硅提纯成本仍将是我国光伏产业未来发展重要方向。根据 SEMI 公司预测，相比西门子工艺，流化床反应器技术的份额有望逐步提高。而升级的冶金级硅虽然在市场上会被继续使用，但相较于未来可预见的常用多晶硅提纯技术，这一材料的成本优势已无从谈起。同时，较薄的硅片在未来的硅片市场中将产生更大需求，这种类型的硅片可以减少切口损失、提高回收率，进而节约生产成本。

在太阳能电池方面，未来主导产品仍然是晶体硅电池，晶体硅电池技术进步的方向将集中在新兴硅材料的研发制造、电池制造工艺和生产装备技术的改进、硅片加工技术的提高、电池转换效率的提高和电池生产环节中硅用量的减少。2013 年，单晶硅和多晶硅电池的实验室效率都已超过 20%，实际中的商业化组件效率也分别达到 13%~19% 和 11%~15%。预计到 2020 年，晶体硅电池组件效率平均将达到 20%，而 2030 年单晶硅电池组件效率有望突破 40%（见表 3-12）。在第六版技术路线图中，多晶硅电池批量生产的效率超过 20%，所有电池技术都将拥有巨大的发展潜力。另外，异质结电池和双面电池在市场中的份额将不断扩大，预计将分别达到 10% 和 20% 的市场份额，成为未来太阳能电池市场中重要组成部分和发展方向。

表 3-12　晶体硅电池效率变化趋势

	商业化电池片效率	商业化组件效率	实验室效率	2020年组件效率	2030年组件效率
单晶硅	16%~22%	13%~19%	24.7%	23%	40%
多晶硅	14%~18%	11%~15%	20.3%	19%	21%

资料来源：IRENA，Solar Photovoltaics Technology Brief，2013；《2014 国际可再生能源发展报告》。

二、政策利好趋势明显，分布式光伏发电成为主要发展方向

2014 年下半年以来，全球光伏市场明显向利好方向发展，我国光伏企业开工率也普遍好于 2013 年下半年和 2014 年上半年，部分企业的毛利率重新进入提升阶段。这一时期，政府对光伏产业的扶持力度及利好趋势可以从相关部门政策出台情况得以直观反映。据不完全统计，仅 2014 年，在国家部委层面上出台涉及光伏产业的扶持政策就超过 12 项，平均每月都有 1 项新政策出台。这些政策辐射光伏补贴、上网电价、项目管理等诸多方面，为今后相当长时期光伏产业的发展提供了良好的政策环境。

在近期出台的光伏产业政策中，分布式光伏发电方式进一步得到重视。2014 年 7 月，国家能源局发布了《关于进一步落实分布式发电有关政策通知（征求意见稿）》，同年 9 月国家能源局又发布了被称为"分布式新政"的《关于进一步落实分布式光伏发电有关注政策的通知》。在政策驱动下，分布式光伏发电快速增长。2014 年，全国新增分布式光伏装机容量 467 万千瓦，比 2013 年增加约 144 万千瓦，同比增长接近 45%。另外，近年来能源局以及国内权威能源网站统计光伏装机容量时都将分布式光伏发电装机容量数值单独统计，也从侧面反映了政府和市场对分布式光伏发电重视的不断提高。

分布式光伏发电的良好前景主要归于其技术特点。首先，分布式光伏的输出功率较小。传统集中式电站规模一般要达到 MW 级别，其经济性主要来源于规模效应。但这种光伏发电方式对技术设施建设、成本投资等方面要求都比较高。而分布式光伏发电输出功率较低，在电站规模较小情况下也能够产生经济效益。其次，分布式光伏污染相对较少，环保效益突出。分布式光伏发电项目在发电过程中，没有噪声，也不会对空气和水产生污染。只需要重视分布式光伏与环境的协调发展，并在利用清洁能源的

同时充分考虑周边环境。最后，分布式光伏对缓解局部用电紧张具有重要作用。分布式光伏装置安装地点灵活、对规模要求较小，较为偏远、落后的农村地区或者电网架设、更换成本较高的地区都可以利用这种方式发电。对于这些地区，太阳能光伏技术"节线"的意义远远超出"节能减排"的意义。特别是国家推出鼓励光伏扶贫政策以来，分布式光伏发电项目又有了长足发展，成为光伏发电项目的新亮点。

三、推进光伏产业"互联网+"，寻找新的产业增长点

国家加快实施"互联网+"，带动了国家能源互联网计划的制定实施。根据 OFweek 测算，现阶段我国用户端电力销售金额约 2.5 万亿元，如果加上建设投资，估计未来光伏产业"互联网+"的市场规模可达 5 万亿元以上。从光伏产业发展趋势来看，分布式光伏与互联网的战略结合将成为未来发展的重点和光伏产业最具有市场潜力的方向。

企业和市场的参与是光伏"互联网+"发展的根本动力。2015 年 4 月，国内最大的光伏逆变器制造商阳光电源宣布与阿里云签署战略合作协议，共同推出智慧光伏云 iSolarCloud，计划在智慧光伏电站、能源互联网、互联网金融、云计算、大数据、信息安全等众多领域开展广泛合作。智慧光伏云 iSolarCloud 是阳光电源的第四代电站运维管理系统，这种"互联网+"的新发展模式可以为阳光电源用户建立标准化、精细化的运维管理平台，实现企业旗下所有光伏电站的实时标准数据信息共享、自动化管理、电站设备故障预警、远程专家咨询和大数据分析、收益结算、知识库建设等功能，将光伏发电从单一的电站管理模式转变为集团化管理模式。

同时，对企业用户而言，iSolarCloud 最具吸引力之处在于每年预计可提升 3%~7%的光伏电站收益。这一数据考虑到设备故障的及时处理、组件及时清理、流程自动化处理、电站持续优化、短板优化等多个方面，可使光伏电站的运行成本越来越低。由此可见，光伏产业与互联网产业融合发展进一步降低光伏企业成本、拓展市场空间，具有良好的实际操作性和市场前景，也为蓝晶易碳确立了升级发展方向。

第四章　主营产品与业务流程

第一节　主要产品与主营业务

主营业务是企业为完成其经营目标而从事的日常活动中的主要活动，可根据企业营业执照上规定的主要业务范围确定，是公司得以存续和发展的基础，也是公司利润的主要来源。蓝晶易碳的主营业务涉及太阳能电池板、照明设备等诸多品类，并且建立了完整的业务流程，形成市场定位明确的产品和业务结构。

一、主营产品与业务

蓝晶易碳经工商、税务部门审批注册，其准许经营业务为太阳能电池板的生产、销售，照明设备的销售，机电产品（不含汽车），建材（不含危险化学品），普通货物进出口（国家限定公司经营或禁止进出口的商品除外）五类。公司主营业务板块由光、电、冷、水、气五个板块构成（见图4-1），对应的代表性产品分别为 LED 照明产品，太阳能组件、电站系统，太阳能空调、太阳能水泵和太阳能气泵。公司生产和销售的产品具有节能环保、安装便捷、少线可移动、寿命长等优点，能够满足较偏远的地区和线路铺设成本较高的地区使用，在非洲、东南亚等国家和地区市场前景较好。

2010~2014年，蓝晶易碳销售收入由太阳能电池板、离网照明灯具及其相关设备两大类产品构成（见图4-2）。其中，离网照明灯具及其相关设备包括太阳能路灯、直流时代和太阳能小系三类，细分产品可分为室内和室外两部分，室内部分包括太阳能小桔灯、太阳能光明灯、直流盒子和直流冰箱，室外部分包括太阳能庭院灯（太阳能苹果灯）、太阳能路灯（太阳能桃子灯、太阳能大桃子灯、太阳能香蕉灯、太阳能风筝灯等）。其中，平板灯和苹果灯主要用于庭院、小区、景点等照明；光明灯适用于家庭照明；桃子灯、大桃子灯可用于乡路、村内道路、小区、厂区、学校、公园、景点、庭院等照明；香蕉灯主要用于城市道路、交通主干道等照明，不同种类产品满足了不同客户需求。直流系列产品分为20W、50W、100W、200W和300W五种规格，都可以作为UPS备用电源，可完全替代家庭照明，广泛应用于家庭、外出活动。直流系列是可移动的微型发电机，深受客户欢迎。

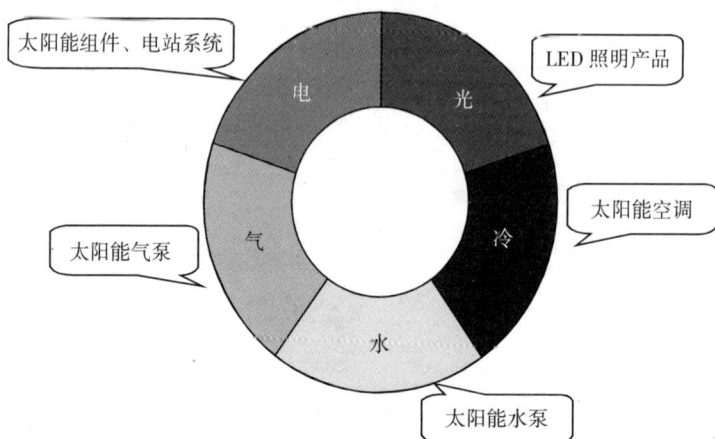

图4-1　蓝晶易碳主营业务板块
资料来源：蓝晶易碳提供。

从销售收入贡献度来看，太阳能电池板是公司主要收入来源，在公司初创期贡献尤为显著，这一时期太阳能电池板销售收入在产品总收入中占比超过70%。随着公司发展战略不断调整，考虑太阳能电池板等光伏组件利润趋向透明化，为进一步规避海外光伏市场国家"双反"造成公司的经营风险，缩减太阳能电池板生产和销售规模成为公司实现转型发展的重要环节之一。进入转型发展期以来，太阳能电池板对企业总销售额贡献度有所回落，2014年约占总销售额的56%（见表4-1）。

电池板系列（20W 系统、50W 系统、100W 系统）

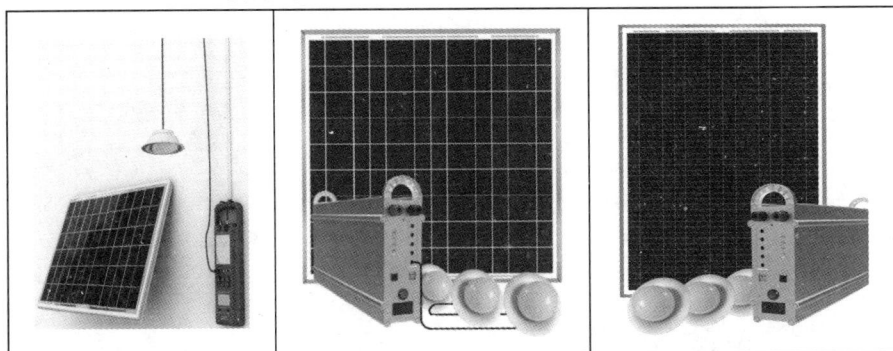

离网照明灯系列（苹果灯、桃子灯等）

离网灌溉和制冷设备系列（水泵、109 升冰箱、159 升冰箱）

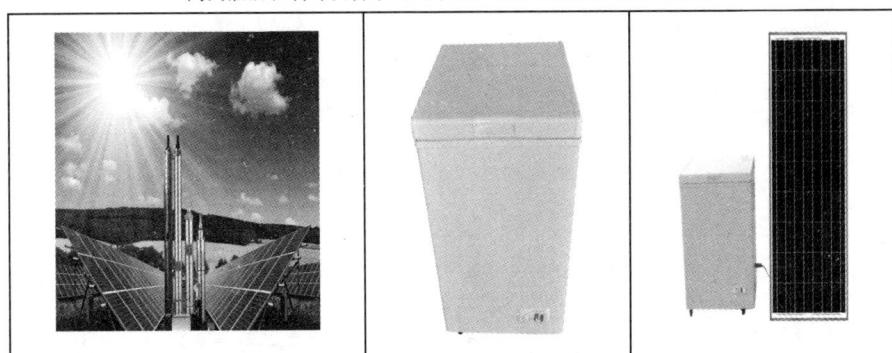

图 4-2　蓝晶易碳部分主营产品

资料来源：蓝晶易碳提供。

表 4-1　2010~2014 年蓝晶易碳主要产品及其销售收入

单位：千元

产品名称　　年份	2010	2011	2012	2013	2014
太阳能电池板	59327	90533	98654	86945	94035
太阳能路灯	14628	28052	28774	39266	40300
直流时代	5689	5100	6851	9816	25188
太阳能小系统	1625	3825	2740	4207	8396

资料来源：蓝晶易碳提供。

二、业务构成

公司业务结构能够反映公司一定时期内经营发展重点，为下一阶段战略重点转变和业务结构转型提供可靠依据。能够较为准确反映业务结构的指标为各类产品销售额在主营业务收入中的占比情况。目前，蓝晶易碳产品层面以太阳能电池板为主，并在巩固和深挖国内农村市场基础上逐步加大海外市场拓展力度。

根据 2010~2014 年蓝晶易碳主要产品销售收入在总收入占比情况，公司成立前五年主要产品类型基本保持稳定，且结构不断优化（见图 4-3）。2013 年，面对欧美主要光伏组件进口国对华光伏"双反"带来的负面影响，公司决策层适时优化产品结构生产和销售，太阳能电池板销售收入贡

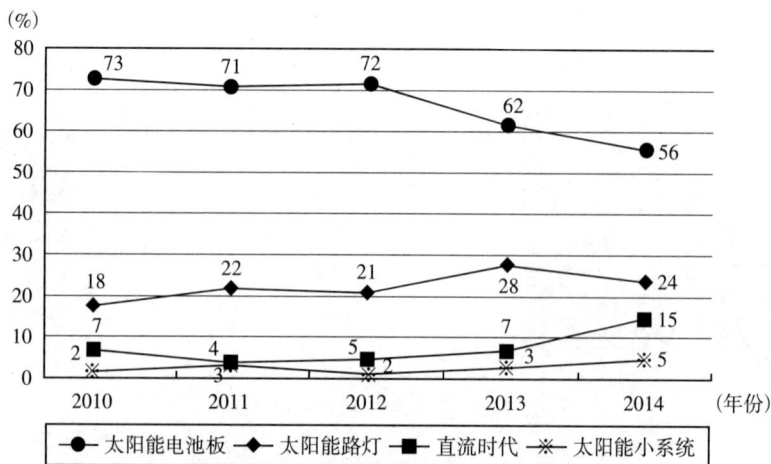

图 4-3　2010~2014 年蓝晶易碳主要产品销售收入占比情况

资料来源：蓝晶易碳提供。

献度首次低于 70%，2014 年降至 56%。与此同时，太阳能路灯、直流时代和太阳能小系统三类离网光伏产品快速崛起，其销售占比持续上升。产品结构和业务构成优化升级有效缓解了光伏"双反"给企业带来的生产经营压力。通过充分发挥企业自主研发优势，蓝晶易碳在行业产品同质化竞争日趋激烈的情况下，找到了新的增长点，站稳了利基市场。

伴随产品结构优化调整，公司产品销售区域及渠道拓展重点也发生了转变，产品出口交货值在当年总收入中占比逐年攀升（见图 4-4）。值得注意的是，2012~2014 年，国内光伏企业产品出口压力较大，蓝晶易碳出口交货值仍然保持增长趋势，其独特的海外市场定位和真正满足终端用户需求的产品为公司带来海外市场增长潜力。可以预见，随着公司海外调研团队调研区域的扩展和用户需求的深挖，海外市场对公司未来利润增长的战略意义将进一步凸显。

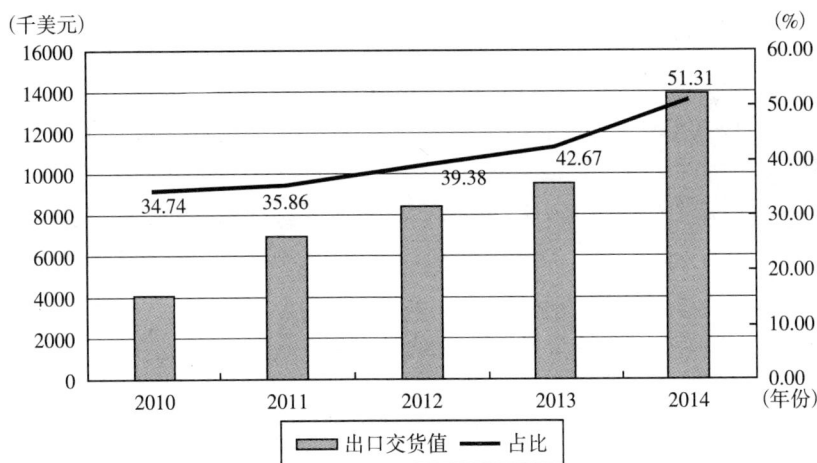

图 4-4 2010~2014 年蓝晶易碳产品出口情况

资料来源：蓝晶易碳提供。

第二节 业务流程

公司业务流程是对公司要开展业务活动进行先后次序、内容、方式、责任等问题的明确规定，优化公司内部资源及组织结构，使各部门之间、部门内部工作顺利交接和展开，一般需要有相应的国际管理标准和企业管理流程体系做支撑。业务流程的精益管理和优化设计，可以降低企业运营成本、提高决策及执行效率、提高对市场需求的响应速度、实现企业利润最大化。

蓝晶易碳核心业务部门为市场部、技术部，公司对两部门业务流程进行了详细安排和规划（见图 4-5 和图 4-6）。市场部主要负责搜集市场信息、制定营销策略和售后工作。公司管理层将搜集市场信息、发掘终端消费者需求作为市场部的业务重点，将市场调研环节放在重要位置。公司市场部根据现有市场信息判断市场发展前景，并据此制定市场调研计划，根据调研计划，以"高层领导+市场部人员+专业技术人员"的团队结构深入国内外最基层市场实地调研，将用户需求、技术可行性、高层决策结合在一起，最大限度节省决策时间、提高决策效率，以此抢占市场。根据公司调研小组的调研结果和决策，市场部相关人员将制定市场推广计划、有关策划案，并最终落实终端用户的信息反馈，以便后续调整完善推广和调研方向。除了分析、搜集市场信息，公司市场部还负责终端用户的售后服务工作，跟踪反映用户需求及其变化，为公司树立良好的信誉及负责人的品牌形象。

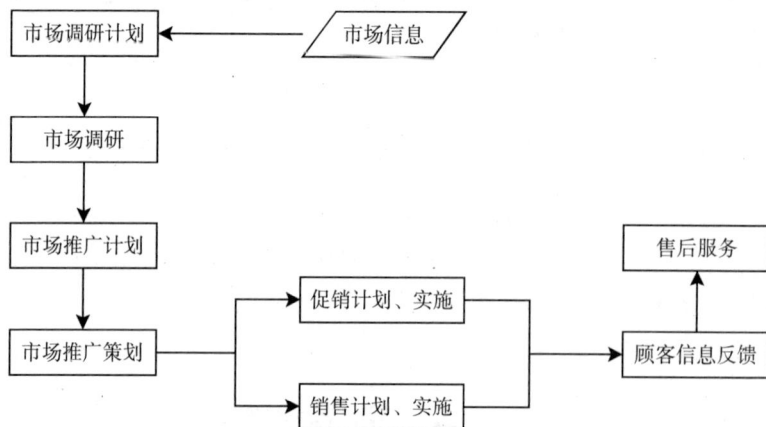

图 4-5　市场部业务流程

技术部	---	设计开发任务通知书	---	开发任务通知书

开发时间计划

| 技术部 | --- | 技术图纸、文件等的设计 | --- | 技术文件、图纸等 |

| 总工/总经理 | --- | 审核/批准 |

| 技术部 | --- | 模具设计与制作 | NO |

OK

| 生产部铸造车间 | --- | 毛坯试制 |

| 技术部 | --- | 工装夹具、自制检具设计制作 | NO |

OK

| 技术部开发科 | --- | 样件试制 |

| 品管部和技术部 | --- | 原因分析及改进 |

| 品管部 | --- | 样件检验 | NO |

OK

小批量生产

| 生产部和技术部 | --- | 原因分析及改进 |

| | --- | 评审 | NO |

OK

| 生产部 | --- | 正常生产 |

结束

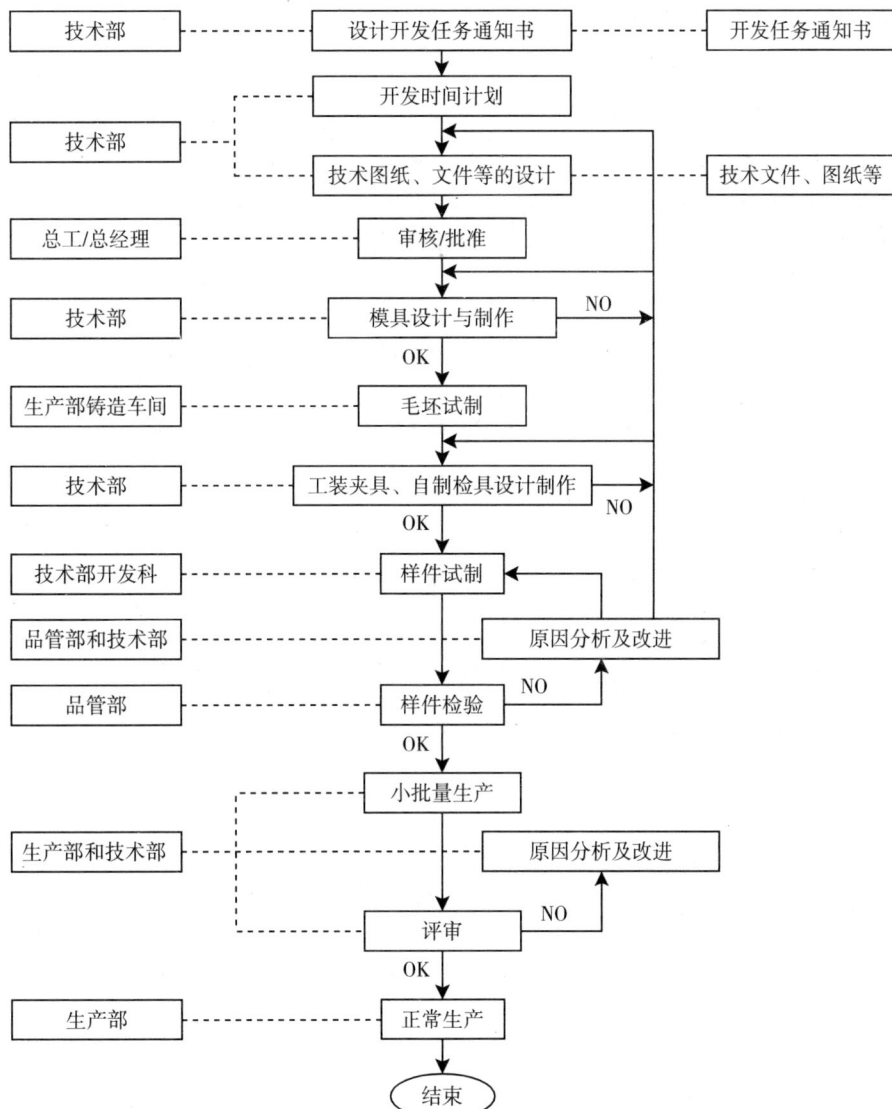

图4-6　技术部业务流程

资料来源：蓝晶易碳提供。

技术创新、产品研发是蓝晶易碳区别于同业竞争者的最重要优势，因此，技术部是联系全公司各个生产经营环节的核心部门。技术部主要业务流程包含设计、模具制作、评审。技术部根据市场部调研结果及领导层决策意见接收设计开发任务，根据相关要求安排设计周期、制定设计图纸及相关文件，并报送公司领导层。根据公司领导层意见，设计部对图纸、文件进行反复修改、设计，进行模具制作及样品试制。产品管理部及技术部人员对试制样品进行技术层面的改进，改进完成后进行小规模的生产，再根据小规模生产过程中的问题进行针对性调整，并做出最终评审。评审通过的设计方案将交付生产部进行大批量生产。

第五章　治理结构与管理体系

　　规范合法的治理结构和科学严格的管理制度是现代公司制企业运营的基石，借以明确各部门员工职责，平衡各部门资源分配，合理调节各部门人员配置，提高公司部门内部及部门之间的沟通效率和运行效率，为公司业务开展提供规范、高效、合理支撑。蓝晶易碳从制度层面规范公司的运作体系和员工行为，优化公司管理流程，构建了合理的治理结构与管理体系。

第一节　公司治理结构

一、股权结构

　　股权结构是根据总股本中不同股权所有者之间拥有的股份比例及相互关系最终形成的权利结构。股权结构决定公司的组织结构，进而形成公司治理结构，并对公司行为、绩效产生影响。合理合法的股权结构、治理结构有助于公司绩效的提高。

　　蓝晶易碳是一家股权结构相对比较简单的有限责任公司，公司注册资本 500 万元，由两位个人股东构成，其个人资本分别占总资本的 90% 和 10%。公司股权高度集中，第一大股东拥有公司绝对控制权。创立以来，公司股东结构一直保持稳定，股东及股权结构未发生变动（见表 5-1）。

表 5-1　2010~2014 年公司股东及股权结构

年份 指标	2010	2011	2012	2013	2014
一、公司股权结构					
1. 个人资本（董事长）	90%	90%	90%	90%	90%
2. 个人资本（总经理）	10%	10%	10%	10%	10%
二、公司股权结构					
1. 第一大股东名称	赵志峰	赵志峰	赵志峰	赵志峰	赵志峰
2. 第一大股东持股比例	90%	90%	90%	90%	90%
3. 第二大股东名称	王莉	王莉	王莉	王莉	王莉
4. 第二大股东持股比例	10%	10%	10%	10%	10%

资料来源：蓝晶易碳提供。

二、组织结构

组织结构是公司组织内部各个经营管理环节之间、部门之间相互作用的联系方式或形式，以有效、合理地架构设置组织成员的角色，为实现企业战略定位、经营目标以及履行、承担社会责任而协同努力。组织结构在人的能动行为之下，通过信息传递承载企业业务，作为企业资源和权力分配的载体，推动或者阻碍各项业务的进程。

1. 员工结构

蓝晶易碳现有员工 382 人。其中，公司总经理办公室员工 3 人，技术部员工 11 人，采购部员工 9 人，销售部员工 13 人，国际部员工 13 人，图文部员工 3 人，生产部员工 318 人，财务部员工 6 人，物流部员工 6 人。

从员工学历结构看，大专及以上学历员工占比约 23%，其中博士学历 1 人，本科学历 51 人，大专学历 35 人；从年龄结构看，员工以年轻人员为主，低于 30 岁的员工占比 80%；从企龄结构看，车间员工以新进人员为主，而管理层及办公室新进人员相对较少，以创业团队的核心成员为主；从性别结构看，员工男女比例约为 7∶3。

2. 公司组织结构

蓝晶易碳的组织架构为典型的倒"U"型公司组织（见图 5-1）。公司总经理及常务副总对公司各项业务负主要责任，下设 9 个具体业务部门，分别为总经办、技术部、销售部、国际部、采购部、财务部、生产部、物流部和图文部。

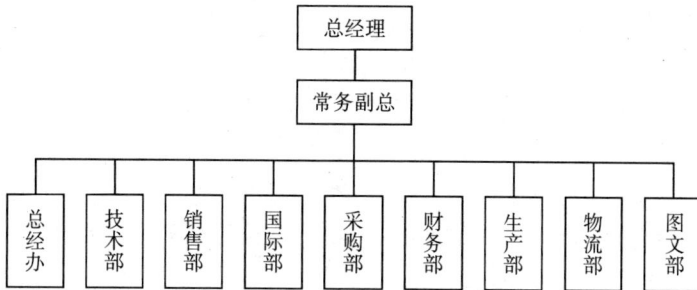

图 5-1 公司组织管理结构

资料来源：蓝晶易碳提供。

3. 部门职能

为使公司各部门之间能够更好地配合与协作，蓝晶易碳对各部门的职责、权限等做了明确规定：

● 董事长兼总经理。负责执行国家和上级有关方针和政策法规，确保产品质量符合用户需求和国家规定有关要求；全面主持公司各项工作，组织制定公司机构设置和人员编制；任命管理者代表，授权管理者代表独立开展质量工作中的全部活动；确定公司发展方向和管理目标，组织制订公司发展规划、年度工作计划；协调各部门之间工作，发挥各职能部门作用；组织制定和健全公司各项规章制度，积极进行各项改革，推行岗位责任制，不断全面提高公司管理水平；加强公司职工队伍、干部队伍建设，不断提高各类人员政治素质和业务素质；主持制定公司年度预决算，审批公司重大经费开支和公司留成基金的使用和分配方案；审批以公司名义发出的各类文件、报表，批办上级来文，处理涉外事宜。

● 常务副总经理。负责协助总经理的全面工作，有效落实总经理的各项指示，监督完善各部门相关工作；根据总经理要求，制定公司实现目标的计划、预算、政策和措施，督导控制公司整体经营绩效，以顺利达到经营目标；推行公司经营理念，建立良好的企业形象；指导协调部门工作并控制差异，使公司各项资源获得最佳运用；考核、辅导、培训、发挥部属的工作能力，调动各部门工作主动性、积极性和向心性；根据总经理授权，行使执行各项任务、代表总经理拜访重要客户、代表总经理参与重大公关活动、代表总经理主持各项会议；收集、汇总各部门相关意见和建议制定方案，供总经理参考决策；维护公司利益，公正、公平、公开管理，维护公司纪律的严肃性，维护公司商业机密不受破坏。

● 总经理办公室。兼具公司行政管理职能，负责协助起草、修订公司各项管理规章制度，进行日常行政工作的组织与管理；监督与执行各项规章制度；参与公司绩效管理、考勤等工作；安排公司日常后勤工作，包括车辆、绿化、环境卫生、会务、接待、办公用品等，为各部门做好服务工作；收集材料、起草制定文书或公文等；制订公司人员培训计划、组织实施与评价，做好培训记录；负责公司大型活动的组织策划及实施细案，制定活动实施细则；配合公司进行企业文化建立；负责公司相关宣传彩页制作及网站维护；协助总经理完成公司行政事务工作及部门内部日常事务工作；协助总经理做好公司各部门之间协调工作。

● 技术部。负责新产品开发工作；编制、审核、批准技术标准类文件并下发有关方面；管理和控制外来加工图纸等外来技术文件及企业质量管理体系包括作业文件；对顾客提供的财产进行管理，确保其在公司得到有效保护；召集相关部门组织核心小组对新产品开发及变更进行评价、策划与实施，并进行有效性评审；负责产品实现过程的策划，技术文件的配备，过程能力的调查和改进、制订控制计划，并明确产品过程特殊性的控制方法；负责产品开发过程中生产件批准的策划、管理、监控、实施，确保开发出符合顾客要求的样件，持续提高公司技术开发能力；负责统计技术在本部门的具体实施，并采取适当统计技术进行质量改进，不断提高工作效率；编制外协加工产品所需的技术文件协议；负责新工装模具设计并参与验证；设计产品标识，确保满足客户要求；根据客户和产品实现要求，制定包装规范；负责生产作业书、返工指导书的编制和产品让步接收的批准；与客户及供应商的技术协调；定期做好工艺纪律检查工作；负责生产设备、检测设备的维护和保养；制定公司技术要求和检验规程；负责产品策划；编制、实施和总结评价部门的年度计划和月计划。

● 销售部。主要负责公司国内销售工作。销售部主要职责是对市场进行调研、把握市场动态；参与制定公司战略发展和营销规划；参与制定营销功能性战略，并根据营销功能性战略制定部门发展规划；参与销售政策、销售策略的制定和调整工作；参与制定新产品上市营销方案；负责组织各区域市场制订产品区域发展计划，并跟踪、监督、检查、调整产品区域发展计划执行情况；起草部门年度预算并严格按照所批准预算执行；负责收集、反馈产品质量、产品使用等市场信息，并协助市场部分析、处理产品市场信息。

● 国际部。主要负责国际销售工作。除了承担销售部职责中所对应的国际市场职责，国际部还需要负责跟踪和控制整个外贸流程，编制相关外贸单，接待公司国际客户及项目谈判等工作。

● 采购部。负责公司原辅材料、配件等各类物资采购工作，以保证生产经营活动顺利进行。采购管理方面，采购部负责原物料采购计划的编制和执行；采购合同的签订和采购订单下达；原物料的跟踪、到货、入库和支付账单；处理采购物资质量；审核年度各部门采购计划，统筹策划和确定采购内容。采购物资行情信息处理方面，采购部负责建立相关信息搜集渠道，定期对信息汇总分析，并根据行情变化提出相关采购意见。供应商管理方面，采购部根据公司需要开发新的供应商，定期对供应商进行评估，并建立完整的供应商档案库。

● 财务部。负责企业财务工作的管理、核算和监督指导，根据企业发展规划编制和下达企业财务预算，并对预算实施情况进行管理；对公司生产经营、资金运行情况进行核算；向董事长、总经理反馈公司资金的营运预警和提示。

● 生产部。严格按照生产计划生产符合要求的产品；承担生产设备和设施的日常维护、保养工作，确保满足产品要求的生产能力及设备管理；积极配合、参与对不合格品的评审、处置、控制工作；认真做好关键特殊工序的控制与管理工作；负责生产过程产品的包装、搬运和防护；监督检查生产现场；负责生产现场"5S"管理，产品标识和可追溯性管理，做到文明安全生产，杜绝浪费；负责对生产过程的控制，对生产的运作进行归口管理，进行调度，协调生产过程中各个部门和技术上的接口，负责对生产安排不当和严重不均衡而造成的产品质量问题的处理；编制和上报生产报表，制订生产计划；对车间物资利用率和车间物资整齐堆放的有效控制；负责安全生产、现场管理、劳动防护和环境保护工作；定期检查生产操作人员现场工艺和作业指导书执行情况。

● 物流部。全面负责物流作业；审批物流配送计划；掌握发挥与库存的动态变化，协助销售部做好要货计划，增强生产部门预见性，以利于及时安排生产作业计划；及时与销售部、市场部、财务部、物流商进行沟通协调相关业务信息；组织对订单的处理工作，统计退换货业务；对本部门员工进行管理考核；负责货物储存、运输和不同生产基地的货物调拨工作。

● 图文部。负责承接设计部、技术部、销售部相关任务要求，制作产品图片、宣传资料、产品包装等，做好图文服务工作。

第二节　公司管理制度

蓝晶易碳已建立起比较完善的公司管理、管控体系以及相关管理制度。公司现有9个主要业务部门，每个部门都建立了相应管理制度。主要包括行政管理制度、人力资源管理制度、质量管理制度和财务管理制度。

一、行政管理制度

行政管理制度是蓝晶易碳基本制度之一，是员工基本行为的制度规范。合理、完善的行政规章制度能够在保障员工基本权益基础上，更好地维护公司整体利益。公司基本行政制度包括员工考勤、汇报、保密和工作制度。

● 考勤制度。主要包括工作制、工作时间安排及变更、打卡制度、迟到早退及旷工的处罚。考勤制度的落实，规范了员工工作习惯，维护了公司正常工作秩序。

● 汇报制度。由日汇报、例会、工作计划三部分组成。日汇报要求员工每日下班后，将一天工作进程以简报形式发送至相关人员或指定微信群；每周六下午例会由总经理及战略运营总监主持，会议内容包括周工作总结、相关进程推进状况及推进中相关问题的研讨。工作计划以书面形式汇报，制定周期为每季度一次，员工须严格按照工作计划开展工作，计划进度将在部门或员工绩效考核中体现。

● 公司保密制度。主要涉及机密资料的转发批准、公司内部机密会议的记录核准、对已经发生公司秘密泄露或可能泄露情况的补救及处理措施、对诉诸法律的重大泄密事件的界定及处理。保密制度的严格执行能够有效避免公司技术、专利、销售信息等内容的泄露，将公司不必要的人为损失降到最低。同时，保密制度的贯彻执行也有助于公司员工及主要负责人形成良好的职业操守和道德规范。

● 工作制度。对员工在公司工作期间的基本行为进行规范，主要涉及通信工具及软件的使用和工作态度。公司要求员工在工作期间保持手机以及固话畅通以方便领导、同事以及客户的及时沟通，下班或节假日如接到公司领导、同事的电话，应在第一时间内回复。公司主要业务通信软件为Skype、QQ，根据公司工作制度要求，除业务需要外严禁员工在工作时间使用通信软件进行与工作内容不相关的交流或文件传送。工作制度要求每个员工尽量保持稳定的心态，在工作中做到对事不对人，不断提高自身职业素养和职业道德，摒除情绪化给工作带来的负面影响。

二、人事管理制度

人事制度是公司管理员工的基本制度，包括工作人员的选拔、录用、培训、工资、福利、监督、退休与抚恤等各项具体制度。人事管理制度能够有效避免员工与公司产生纠纷和冲突，从公司和员工两个方面保障彼此权益。蓝晶易碳人事制度对员工的试用、辞职、处罚、劳动合同、工资保密制度做出详细规定，以保证公司雇员过程公开公平，员工得到合理、有保障的薪金报酬和符合法律规范的其他基本权益保障。

员工试用制度主要包括试用期的时间规定及岗位管理。公司试用期为1~3个月，试用期岗位管理由培训负责人指导，集中脱产培训后分配到用人部门，试用期过后合格者转为正式员工，并签订正式《劳动合同》和《保密协议》，试用期内被证明不合格或者有违规违纪行为的新员工将解除劳动关系或延长试用期1~2个月。

辞职是指员工本人不适应本职工作或本人不愿意继续在公司工作而提出终止雇佣关系，蓝晶易碳的辞职制度规定了辞职预告期、辞职手续办理和离职手续办理相关内容。其中，试用期员工辞职需要提前三天向相关管理部门报告，正式员工则需要提前30天以书面形式提出。员工提交《辞职申请表》后由主管领导或部门负责人填写意见，经办公室审核、审批，办理离职手续后方可离职。离职人员按照《离职交接表》完成手续后方能领取最后一次工资。

公司的处罚制度规定，需接受处罚的行为包括国家法律、法规、政策和公司各项规章制度明令禁止的行为，由于个人原因造成公司经济损失或扰乱公司正常工作秩序的行为，泄露公司秘密、影响公司声誉的行为等。以上行为经批评教育不改的，视情节轻重，分别给予扣除部分工资、警告、降级、解除劳动合同等处分。

为确立公司与员工的劳动关系，明确双方权利与义务，蓝晶易碳实施全员劳动合同制管理。公司劳动合同包括适用范围，劳动合同期限，合同签订、续订、变更和解除，完备离职手续等内容。劳动合同中未提及事项均遵照《劳动法》和《劳动合同法》等法律法规执行。

三、质量管理制度

系统的质量管理制度可以完善组织内部管理，使质量管理制度化、体系化和法制化，提高产品质量，并确保产品质量的稳定性。质量管理制度主要通过编写质量手册和制定相关程序控制文件体现。蓝晶易碳以 GB/T19001-2008《质量管理体系要求》为依据，结合公司实际情况制定质量手册。手册确定了公司质量方针和目标，描述了公司为实现质量方针和目标而建立的质量管理体系，规定了生产过程要求及各相关部门、人员职责，覆盖了太阳能组件生产和服务全过程。

公司质量手册的术语采用 GB/T19000-2008idtISO9000：2005 基础和术语标准的定义，适合于合同环境下向客户或第三方证实质量管理体系的有效性和提供满意产品的能力，同时亦适用于非合同环境下的内部质量管理，是对技术要求的补充而不是取代。手册包括目录在内共 9 章，对 12 个管控程序进行了详细规范（见表 5-2）。

表 5-2　蓝晶易碳《质量手册》管控程序目录

序号	文件名称	文件编号
01	文件控制程序	LJ/CX-01
02	质量记录控制程序	LJ/CX-02
03	人力资源控制程序	LJ/CX-03
04	产品要求确定和评审控制程序	LJ/CX-04
05	采购控制程序	LJ/CX-05
06	生产和服务提供控制程序	LJ/CX-06
07	内审控制程序	LJ/CX-07
08	监视和测量控制程序	LJ/CX-08
09	不合格品控制程序	LJ/CX-09
10	质量目标管理程序	LJ/CX-10
11	纠正和预防措施控制程序	LJ/CX-11
12	生产和检测设备控制程序	LJ/CX-12

资料来源：蓝晶易碳提供。

四、财务管理制度

蓝晶易碳制定财务管理制度的主要目的在于为企业保持良好的资本结构和较高的资产增长速度，尽可能充实企业资本；对生产和销售效率、效益进行最明细的总结，制定明确指标，并对此进行最有效改善，使指标能按计划或超额完成；通过数据对比，对成本节流提出明确指标；对相关部门的业务费用（报关费、拖柜费、港务费等）和仓库储备、材料采购、行政费用、损耗折旧等管理费用进行预算并严格监督；对企业后续投资、扩张、成本积累进行市场分析，扩大经营，使再生产过程顺利进行。

公司财务管理制度主要包括工作职责、工作内容以及对其他部门的监管。工作职责主要规定公司会计体系的有效性、准确性、及时性、真实性、完整性和公允性，以保证公司财务部门运行符合企业会计相关法律法规规定和公司资金系统的有效运行。工作内容对公司财务计划、报表分析、信息披露、报表审验、技能培训等十个方面进行了详细规定和解释，明确了公司财务部工作人员具体职责。此外，制度还规定了财务部门对采购行为、仓存储备、费用、销售及产品管理的监管工作。

第六章 人力资源管理与绩效考核

人才是公司资源中重要的组成部分，也是公司管理工作的关键。在实际生产经营活动中，公司首先关心的问题是如何用最少的资源获得最大的经济效益，其中起决定性作用的就是人才质量。蓝晶易碳始终将人才资源看作企业发展中的关键一环，积极引进高质量人才，重视员工业务能力和素质水平的培养与提升，不断完善公司人才建设和人力资源管理体系。

第一节 员工招聘与培训

一、员工招聘

蓝晶易碳重视人才引进工作，面向社会进行员工招聘，广纳人才。蓝晶易碳人员流动率较低，每年招收占比约 10% 的员工，以满足公司生产扩建需求。公司聘用员工坚持公开、公正的选人和用人原则，在员工选用方面实行严格管理前提下的人性化管理。公司由总经理决定部门设置及人员编制、一线经理任免去留及晋升和全体职员的待遇。公司员工招聘完整流程如图 6-1 所示，招聘开始前，各部门根据工作情况以及业务需要，由部门主管负责人向部门经理提出口头申请，批准后需经公司核准，再由总经办协同用人部门负责人统一组织招聘；招聘结束后，录用人员经岗前培训后进入试用期考察期，试用期满并考核通过才可成为正式员工。

公司以公开招聘为主，内部招聘为辅。应聘者提交简历或者填写《员工登记表》后，由工作人员筛选后组织面试。面试是筛选人才的关键环节，蓝晶易碳对此有完整的程序规范（见图 6-2）。面试官根据面试情况，与用人部门确定录用人选后，通知应聘人员结果，并将相关文件存档。

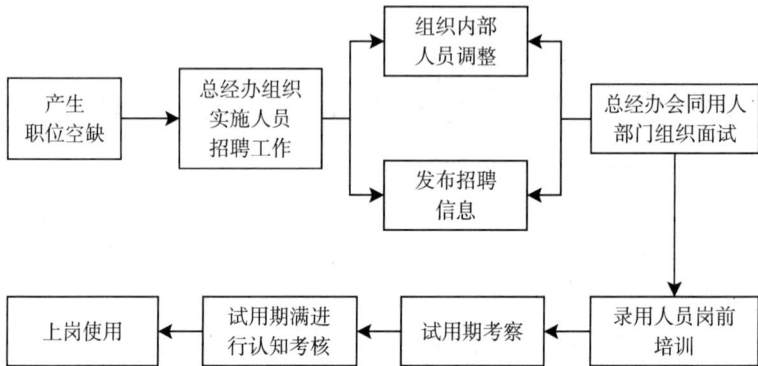

图 6-1 公司招聘程序

资料来源：蓝晶易碳提供。

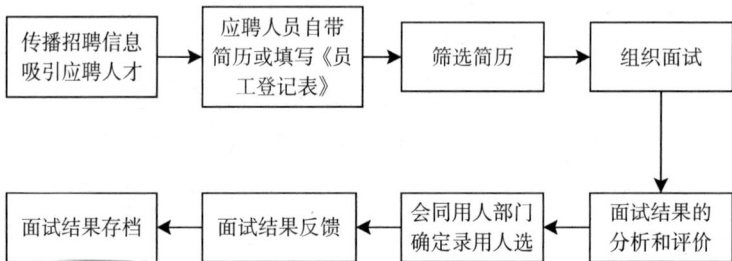

图 6-2 蓝晶易碳招聘面试与评价程序

面试结束后，有关领导决定录用的应聘者须提供身份证及其复印件、学历证书及其复印件，统一填写本公司专用的《员工登记表》，清楚了解本公司各项规定并无任何异议后方可办理入职手续。新录用员工一律采取试用制，试用期为 3 个月。试用期员工如发生下述情形或相关情形时，公司可以立即停止试用：不服从工作安排；从试用之日起，无故旷工累计 1 天，或事假累计 5 天；严重违反公司制度，被记过一次；违反国家法律法规；不能胜任工作；被发现应聘时所提供资料和信息不实。试用期满审核合格者转为正式员工，员工工龄从试用期开始计算（见图 6-3）。

正式录用后，公司与员工签订正式劳动合同，合同年限一般为 3 年。劳动合同到期后，如果员工继续在公司工作则视为劳动合同自动延续，如果任意一方提出解除劳动关系则在 3 个工作日内终止劳动合同。而且，劳动合同延续最长不超过 3 个月，3 个月后劳动合同自动终止。

```
┌──────────────┐
│ 接待应聘人员  │────────┐
└──────┬───────┘        │    ┌──────────────┐
       ↓                └───→│ 初步印象不佳  │───┐
┌──────────────┐             └──────────────┘   │
│填写《人员登记表》│──────┐                       │
└──────┬───────┘      │    ┌──────────────┐     │
       ↓              └───→│所填资料不合要求│──┐ │
┌──────────────┐           └──────────────┘  │ │
│ 核查所填资料  │──────┐                       │ │
└──────┬───────┘    │      ┌──────────────┐   │ │
       ↓            └─────→│所填资料不符实情│─┐│ │
┌──────────────┐          └──────────────┘ ││ │
│ 各种考察和测验 │─────┐                     ││ │  ┌────┐
└──────┬───────┘   │     ┌──────────────┐  ││ │  │决定│
       ↓           └────→│测试结果不合要求│→│┼─┼─→│不录│
┌──────────────┐         └──────────────┘  ││ │  │用  │
│   应聘面试    │─────┐                      ││ │  └────┘
└──────┬───────┘   │      ┌──────────────┐ ││ │
       ↓           └─────→│ 面试结果不佳  │─┤│ │
┌──────────────┐          └──────────────┘ ││ │
│有关领导决定录用│────┐                       ││ │
└──────┬───────┘  │      ┌──────────────┐  ││ │
       ↓          └─────→│有关领导决定不录用│┤│ │
┌──────────────┐         └──────────────┘  ││ │
│  试用期考察    │────┐                      ││ │
└──────┬───────┘  │      ┌──────────────┐  ││ │
       ↓          └─────→│ 试用期考察不合格 │─┘│ │
┌──────────────┐         └──────────────┘   │ │
│   正式录用    │                            │ │
└──────────────┘
```

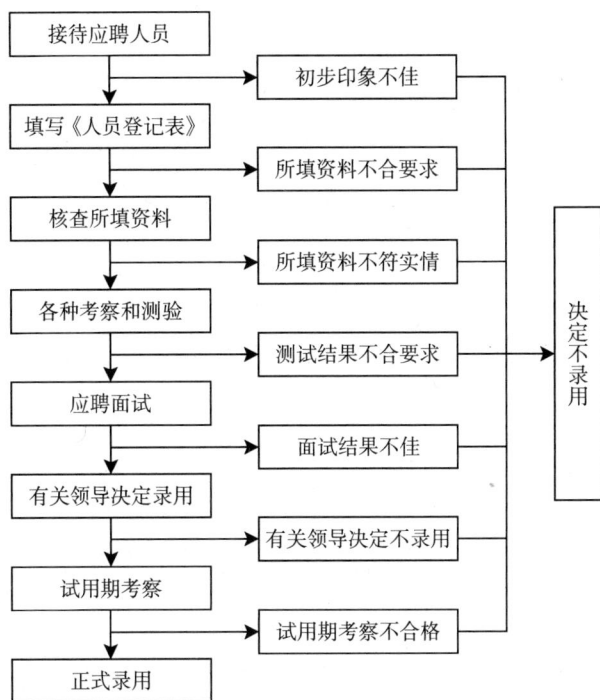

图 6-3　公司员工录用流程

二、员工培训

员工培训是企业人力资源管理的一项重要任务。培训可以使员工的知识技能和工作认知得到明显提高和改善；不仅如此，培训还可以促进员工之间、员工与管理人员之间的沟通交流，增强员工对企业的归属感和主人翁意识，增强企业向心力和凝聚力。因此，蓝晶易碳十分重视员工培养，不断建立完善员工培训流程（见图6-4）。

总经办根据各部门人力需求计划统筹招聘指标和时间，再根据新入职员工规模确定培训时间并拟定培训具体方案，报总经理及相关部门批准后实施。公司培训方式主要有三种：脱岗培训、车间实践和在岗培训。脱岗培训采用集中授课以及会议讨论形式，向新员工介绍企业概况、入职须知、人事政策、公司保密制度、安全知识、办公设施使用和财务制度等内容。车间实践由新员工所在部门负责人根据本部门工作情况确定新员工进入车间实习时间，原则为两周，即12个工作日。在岗培训采取一对一的

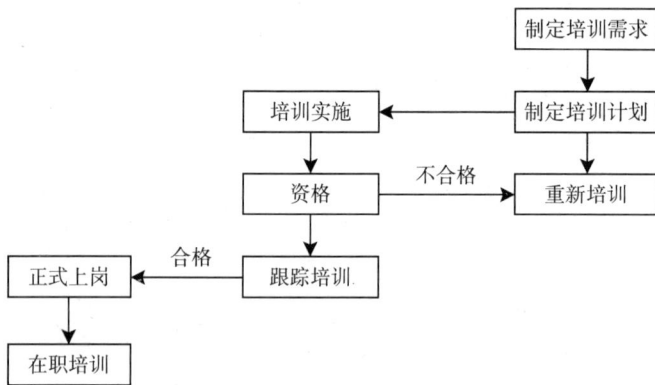

图6-4 蓝晶易碳培训流程

日常工作指导形式，由新员工所在部门负责人对其已有技能与工作岗位所要求的技能进行比较评估，找出差距，确定该员工培训方向，并指定专人实施培训指导。为巩固培训成果和加强厂区间员工交流，公司对在职员工制订定期培训计划，培训周期为1个月，培训时间一般为周六。

培训结束后，公司对员工进行培训考核和效果评估。脱岗培训以及车间实践部分随时进行跟踪考核，即随时抽查掌握情况。在职培训以应用考核为主，通过观察测试等手段考察受训员工在实际工作中对培训知识或技巧的应用及业绩行为的改善，由公司各上层领导、总经办负责人、所在部门领导、同事共同鉴定。效果评估需要总经办与学员、各培训老师、部门负责人直接交流，跟踪了解培训后的情况并根据反馈情况，逐步改善培训方向和内容偏差，改进培训方式，以使培训更加富有成效并达到预期目标。

第二节 绩效管理与薪酬制度

一、考核体系

蓝晶易碳将浮动工资与绩效考核挂钩，并根据不同部门业务特点制定实施差别化的考核方案。考核方案经公司领导和各部门商讨审批后执行，并在实际运行中逐步修订完善。以技术部考核为例，为更加客观、全面地评价技术部工作绩效情况，积极利用调动、晋升、调配、薪资调整及教育培训等人事管理手段提高员工工作能力、工作技能及工作态度，促进公司发展，公司制定和实行技术部考核制度。技术部考核侧重基础工作达标和任务的完成，注重结果，参照过程，力求全面、客观反映技术部工作实效。

1. 部门工作量化考核

每一考评周期结束前，技术部经理将本阶段技术部部门工作量化考核相关材料交至考评小组，小组成员按照《技术部量化考核标准》内容对该部门进行考核评分。部门工作考核实行量化打分，满分为 100 分，具体内容如表 6-1 所示。

表 6-1　技术部量化考核内容与评分说明

编号	考核项目	评分细则
1	新产品开发	新产品开发计划达成率按开发周期完成，每延期＿＿＿天，减＿＿＿分
		新产品投入市场因为技术问题导致不合格的产品批次数量或因为技术质量问题导致技术更改，每出现 1 次，减＿＿＿分
2	工艺改造	工艺改造项目如期完成，每有 1 项次未达成，减＿＿＿分；重大技术改进项目若未完成，减＿＿＿分
		改造费用不得超过预算的＿＿＿%，超支＿＿＿%以内，减＿＿＿分；超过＿＿＿%，该项不得分
3	技术标准管理	及时更新公司技术标准，使公司技术标准水平保持在同行业领先水平，得＿＿＿分
		根据工作需要及技术发展水平，更新公司技术标准，使公司的技术标准保持在同行业中上水平，得＿＿＿分
		不主动根据工作需要及技术发展水平更新公司技术标准，或新标准推行不力，导致公司技术标准落后于行业平均水平，减＿＿＿分
4	技术支持	因技术服务不满意而引致投诉的现象，每发生 1 次，减＿＿＿分
5	员工管理	无违反公司规章制度情况出现，否则，减＿＿＿分/人次
	部门内部协作	部门之间工作相互推诿，每次减＿＿＿分；若导致工作未按期办理的，再减＿＿＿分
	核心员工培养与保留	年度内培养出＿＿＿名骨干员工，否则，减＿＿＿分/人次
		核心（骨干）员工因部门管理原因每离职 1 人，减＿＿＿分
6	技术资料管理	资料不完整、缺失每项减＿＿＿分；泄密，减＿＿＿分

资料来源：蓝晶易碳提供。

出现以下特殊情况时，可酌情加减分：①对本企业业务或技术上有特殊贡献（如技术改造、技术获专利等），并经采用而获得显著绩效的，给予特别奖励，如记大功、嘉奖等，并记入绩效考核记录。②防患于未然，为公司免遭重大损失者，视情况给予不同程度的加分和奖励。③严重违反公司规章制度，给予记过处分，每记过 1 次，减分。④对可预见的事故疏于觉察或防范，导致公司遭受损害的，视情节严重情况，给予不同程度的惩罚。

以公平、公正为前提，考评小组根据技术部实际工作情况进行打分。最终量化考核总分若低于 65 分，将扣除部门所有员工的年终奖金。

2. 技术部经理绩效考核

公司对技术部经理进行单独绩效考核。通过财务、内部运营、客户和学习发展 4 个方面进行量化（见表 6-2）。在量化指标评价过程中，力求不过分关注技术团队的直接产出和近期任务完成情况，而是重视技术团队对整个企业长远发展做出的贡献，以免技术团队将工作导向风险小、时间短、见效快的项目，不利于企业长远发展。

表 6-2 技术部经理绩效考核量化方案

指标维度	量化指标	权重	绩效目标值	考核频率	数据来源	考核得分
财务	技术改造费用	10%	控制在预算内	年度	技术部、财务部	
内部运营	新产品立项数量	20%	不低于___项	年度/阶段性	技术部、企业高层	
	新产品开发计划达成率	20%	达到100%	年度	技术部	
	工艺改进消耗降低率	10%	达到___%	年度	技术部、生产部	
	重大技术改进项目完成数	15%	达到___项	年度	技术部、生产部企业高层	
客户	技术支持满意度	10%	不低于___分	年度	人力资源部	
学习发展	参加外部学术交流次数	5%	不低于___次	年度	人力资源部	
	核心员工流失率	10%	不高于___%	年度	人力资源部	
量化考核得分合计						

注：工艺改进消耗降低率 =（工艺改进前单位产品消耗材料 - 工艺改进后单位产品消耗材料）/ 工艺改进前单位产品消耗材料×100%。

资料来源：蓝晶易碳提供。

3. 技术专员绩效考核

鉴于技术专员经常需要在生产现场或客户服务现场提供技术支持，蓝晶易碳专门设计了针对技术专员的考核方案。具体而言，在对技术专员技术服务状况考核实施过程中，公司选择从新产品开发计划达成率、技术改造项目完成数、改进方案采纳率、技术支持满意度、技术资料提供及时率和技术资料归档率多角度反映其工作绩效（见表6-3）。量化考核结果分为优秀（85~100分）、良（70~84分）、中（60~69分）、差（60分以下）四个级别。考核结果由部门经理和人力资源部分别保管，并将其作为薪酬调整、评选先进、岗位变动的依据。考核结束后，由技术部经理与被考核员工进行绩效面谈，肯定被考核人员的工作成绩，指出其不足，并提出改进意见，反馈绩效考核结果，同时商讨制定下一周期绩效考核工作。

表6-3　技术部技术专员绩效考核量化方案

量化考核指标	权重	评分标准	数据来源	得分
新产品开发计划达成率	30%	每低____%，减____分	生产部、技术部	
技术改造项目完成数	20%	每少1项，减____分	生产部、技术部	
改进方案采纳率	15%	低于____%，该项不得分	综合管理部	
技术支持满意度	15%	每低____分，减____分	人力资源部	
技术资料提供及时率	10%	每有1次未在规定时间内提供，减____分	综合管理部	
技术资料归档率	10%	每缺失1项，减____分	技术部	
量化考核得分合计				

注：技术资料归档率＝实际归档项目数/应归档项目数×100%。
资料来源：蓝晶易碳提供。

二、工资福利

蓝晶易碳公司生产基地设在山东日照，其区位优势集中体现在气候环境优越，要素综合成本较低，人员流动性小等优势，同时也存在城市对高端人才的吸引力和凝聚力不足等突出问题。为了稳定公司研发、销售、国际化经营等核心团队，蓝晶易碳制定实施了相对公平公正的薪酬制度和人性化的福利制度，并为其提供了远远超出当地平均工资水平的薪资待遇。此举彰显出公司领导层的战略眼光，不仅有助于引导员工积极实现自身价值，提升公司人才资源的核心竞争力，还有助于提高员工的稳定性，增强员工的归属感，大大降低了各层级员工的流动性，为公司创造了隐形价值。

公司每位员工的薪资都是根据其工作岗位和绩效而定的。自2013年3月1日起，公司执行MT薪资。M级工资是由员工的职务、资历、学历、技能等因素确定的、相对固定的工作报酬。M级岗位工资根据管理级别、权重位置分为M1、M2、M3、M4、M5、M6，其职级分别为：①M1：试用期员工，根据学历工资固定，普通专科：1660元；重点专科：1860元；

普通本科：1860 元；211 重点本科 2660 元；研究生（专业对口）：3260 元；英语八级：+200 元。②M2：业务员工，起薪 2000 元。③M3：中层管理，起薪 3000 元。④M4：骨干管理，起薪 4000 元。⑤M5：部门总监，起薪 5000 元。⑥M6：战略运营，起薪 6000 元。T 级工资是由绩效考核决定、浮动的绩效工资，糅合学历、工龄、上年成绩、工作阅历、低级错误、情绪化等各种因素。公司绩效考核每周期评定一次，以此形成公平、公正、公开的薪资发放。

2014 年 1 月 1 日起，蓝晶易碳对原有工资制度又进行了进一步细化和调整，具体方案如下：

● MT 级别工资考核中，凡是工资 3000 元（含餐补）及 3000 元以上，工资总额中的 300 元作为绩效考核工资；工资 4000（含餐补）元及 4000 元以上，工资总额中的 500 元作为绩效考核工资。绩效工资在次季度第二个月根据实际考核结果发放，如在此期间中，有重大渎职、过失、贪污行为，导致离职或辞退，将不予发放。只有通过绩效工资考核的员工，才有资格参加公司组织的外出培训、出国考察、展会等学习机会。

● 工资在 M6 级别及以上，无论任何原因的病假事假等超过或等于 6 天的员工，该月只发放基本工资 4000 元，超过 10 天则只发放基本工资 3000 元。年效益工资在第二年的 3 月 1 日至 3 月 30 日考评后发放。

● 工资在 M6 级别下，无论任何原因的病假、事假等超过 3 天，但不到 6 天，绩效工资直接扣除 50%，其余绩效工资参与考评；病事假超过 6 天，但低于 10 天，扣除 100% 绩效工资，发放时间同上。

● 工资 2000 元以上的员工，工资变动以绩效形式为主，基本工资为辅。

在基本薪资制度基础上，蓝晶易碳还为员工提供了多样化福利待遇。主要包括餐费补贴 10 元/天；每位正式员工生日当天发放生日蛋糕；有两个子女的车间工人每月可领取 200 元补贴；子女就读高中和大学的员工额外补贴 200 元；重要节日、厂庆等给予不同额度奖励补贴。

此外，公司还有人性化的丧假制度、产假制度和婚假制度。①丧假制度。员工直系亲属死亡将由主管领导批准给予 1~3 天的带薪丧假，超出 3 天部分实行无薪假期制度。②产假制度。女职工法定产假天数为 90 天，特殊情况导致的实际产假天数中工资照发。男职工享受护理假 5~10 天，特殊情况可以参照医疗单位意见适当延长，护理假期期间工资照发。③婚假制度。公司规定的婚假时间为 7 天，男满 25 周岁、女满 23 周岁初次结婚的员工，除公司规定婚假外，增加晚婚假 8 天。婚假期间员工工资按照当年日照市最低生活保障发放。

蓝晶易碳员工的基本工资、餐费补贴实行月薪制，支付时间为每月底，若支薪日为节假日或休息日，则提前至最近工作日支付。公司绩效考核周期为中层及以上每季度一次，基层人员每月一次。绩效工资在考核周期结束后的下季度 3 个月内分月发放。员工自转正起参与绩效考核，新入职员工试用期内不参与绩效考核，无绩效工资。其中，员工个人所得税、应由员工个人缴纳的社会统筹保险费用以及公司规章制度规定的其他费用由员工工资支付。正式员工的养老保险、医疗保险、失业保险、生育保险和工伤保险费用由公司缴纳。

第七章　生产管理与质量控制

　　山东蓝晶易碳新能源有限公司是一家光伏公司，其研发并投入全球市场的光伏产品种类众多，包括光伏组件、太阳能路灯、太阳能离网小系统、并（离）网光伏电站系统、光伏空调、太阳能水泵等，广泛应用于商业、住宅和公共照明，农业灌溉，家用、商用制冷、取暖等领域。

第一节　生产管理

一、总体情况

　　蓝晶易碳主要生产太阳能电池板、太阳能灯具、直流时代系列产品和太阳能系统及配件。从产能及其布局来看，蓝晶易碳共有 3 个生产基地。日照高新技术产业园产区内有两个生产基地，主要是办公室人员办公场所、生产样品和供客户参观的小型生产线。日照莒县东莞镇产区是公司主要生产基地，现有员工 249 人，占地 75 亩，因其地理位置和物流优势，已经成为蓝晶易碳光伏组件主产区和配送中心。2014 年，蓝晶易碳太阳能电池板产量为 25 万块，产值和销售额将近 1 亿元。从国际市场来看，Bluecarbontech（BCT）已成为东南亚第一品牌，在印度、巴基斯坦的政府招标中成为中兴离网电池板指定供应商。从国内市场来看，2012 年蓝晶易碳离网组件销售量已位居第一，成为特变电工、大连路明、深圳大族激光等几家上市公司唯一指定供应商。

　　蓝晶易碳生产岗位现有员工 318 人。其中，实际操作人员占主体。从学历情况来看，以大专以下学历为主；从年龄结构来看，以年轻人员为主；从企龄来看，以新进人员为主。

二、生产管理

生产管理是指为实现经营目标，公司对生产系统设置和运行所进行的各项管理工作。生产管理涉及内容十分广泛，包括选择厂址、布置工厂、组织生产线、实行劳动定额、设置生产管理系统等生产组织工作，编制生产计划、生产作业计划等生产计划工作，以及控制生产成本、生产质量、生产进度和生产库存等生产控制工作等。随着新能源技术发展，产品技术含量增加，对生产管理提出了新的要求。蓝晶易碳积极适应市场变化，持续改进生产管理，不断夯实公司稳定运营的基础。

1. 生产计划管理制度

生产计划管理制度通过建立生产计划的编制、执行、检查及调整程序以确保生产计划全面完成。蓝晶易碳的生产计划根据当前在手订单、在谈客户订单、仓库成品数量和市场预测走势制定。制定过程中，公司会优先安排在手订单，其次考虑在谈订单，然后保证一定比例的仓库成品，最后根据市场预测提前做好至少1个月的规划。

蓝晶易碳设有计划专员根据订单情况制订预排至少4周以上的生产计划，包括《月别生产计划》和《周别生产计划》。生产课长负责每天根据公司现有人力、产能、设备、测试工具和物料等情况将任务分解并排列，于13:00前将次日《日生产任务表》放入服务器中供其他部门人员查阅，并在生产看板公布。此外，生产课长还需结合营销部接收的客退品维修要求，根据客户要求及维修能力及时安排维修任务。

2. 生产报表制度

为进一步细化管理，落实及强化生产信息反馈，公司生产部门从完善和规范生产进度报表及成品情况报表入手，对生产进度和成品情况等基础统计报表提报工作进行细化。部门规定各生产小组组长负责每天将各组进展提交至车间负责人，再交由厂长进行每周汇总。每日一报、每周一汇总的管理办法使生产组织及质量控制实施情况得以良好反馈，有利于公司及时调整生产安排，实现公司生产管理的持续改善。

3. 生产组织方式

基于公司的战略定位和经营策略，蓝晶易碳一直采用少批次、大批量生产模式。公司通过标准化和系列化的应用，提高了生产效率，降低了生产成本。不仅如此，少批次、大批量生产模式还可以增加原料采购环节议价能力，降低物流环节费用，从而进一步降低生产成本，实现公司利润最大化。

4. 现场管理

现场管理是指运用科学的标准和方法对生产现场的人（工人和管理人员）、料（原材料）、机（设备、工具、工位器具）、法（加工、检测方法）、信（信息）、环（环境）等各种生产要素进行合理的计划、组织、控制、协调和检测，使其处于良好的结合状态，以达到优质、高效、均衡、低耗、安全、文明生产目标。

现场管理是生产管理的重要内容，蓝晶易碳将先进的管理方法与公司实际情况相结合，实施 5S 现场管理法。为确保 5S 现场管理能够得到具体落实，公司要求每个生产线的生产组长及质检人员巡回检查各流程中需要特别注意的细节，对不符合规定的按规定进行处罚。对现场 5S 管理的严格要求，使蓝晶易碳现场洁净度和生产秩序得到了有效保障，为员工创造了安全、舒适、明快的工作环境，提高了员工工作效率和公司效益。

5. 定额管理

定额管理是公司实行计划管理，进行成本核算、成本分析和成本控制的基础。蓝晶易碳通过相关测算，对于不同工序每人每天的计件量制定了最低限额。公司通过定额管理，达到调动劳动者积极性，节约使用原材料，合理组织劳动，提高设备利用率和劳动生产率，降低成本，提高经济效益等目的。

6. 在制品管理

在制品管理是通过计划、协调和控制在制品，平衡各生产环节。蓝晶易碳从数量控制和实现可追溯性两方面入手，建立起规范的制品管理体系。公司要求员工每天下班之前，必须根据生产部领料及成品入库情况对在制品进行数量及生产进度核对，并进行通报。同时，在强调在制品处理及时性和有效性的基础上，通过出厂编号、批号及记录实现可追溯性，并在质量记录上均应注明产品有关信息。

此外，公司对在制品的标识和可追溯性做了详细规定。技术部负责管理产品标识和可追溯性，质检部负责对检验状态做出标识，原材料标识由仓库实施，半成品、成品标识由生产部实施，其他部门予以配合。公司对产品标识的明确规定，防止不同产品的混用，实现了必要时对原材料、半成品及成品的追溯。另外，公司还会按照产品标准和顾客防护要求对成品、半成品及原材料做好防护标识，采取防护措施，防止产品变质、损坏和错用。

7. 设备管理

良好的设备管理制度不仅可以满足企业生产要求，还可以实现设备资产综合效益的最大化。蓝晶易碳《生产和检测设备控制程序》中对公司的设备管理职责做出了明确规定，涉及内容主要有：总经理负责采购生产设备、检验和测量设备的批准；质检部负责设备的入厂检验、维修、定期保养、周期检定；生产车间负责生产设备的入厂检验、维修、定期保养、检定；生产设备、检验和测量设备使用部门负责设备、仪器仪表的日常维护。

（1）生产设备、检验和测量设备的申购。根据公司产品生产工艺要求，需要购置生产设备、检验和测量设备时，由所需部门提出申请，报管理部门审批通过后，再经总经理批准，方可交采购部门采购。为保证采购物资满足使用要求，采购部门人员必要时可与申请人一同采购。

（2）生产设备、检验和测量设备的入库。新购入的生产设备、检验和测量设备，由管理部门组织相关人员进行技术检查和数量验收，并填写《设备仪器仪表验收单》，验收合格后方可入库。验收不合格时，由采购部门负责办理退、换货手续。公司不能检定的设备，应送具备检定能力的专业部门检验。设备验收合格后，由管理部门对其分类和统一编号，并建立台账。

（3）生产设备、检验和测量设备的流转。当公司各部门要求使用生产设备、检验和测量设备时，经管理部门批准后方可办理领用手续，并在生产设备、检验和测量设备上做出合格标识。

（4）生产设备、检验和测量设备的使用。设备使用部门需指定专人对设备、仪器仪表负责。设备使用前应首先检查是否有有效期内的合格标签。使用时，操作人应熟悉设备、仪器仪表的各项功能，严格按照操作规范说明书操作，防止损坏设备和仪器。若设备在使用过程中出现故障，操作人员应立即停止工作，及时通知管理部门安排维修。

（5）生产设备、检验和测量设备的维修、保养。管理部门负责设备维修，根据故障简易程度安排部门维修、工艺人员维修或联系厂家维修等。维修人员应认真填写《仪器仪表维修记录》或《设备维修记录》。若维修影响设备、仪器仪表的性能、精度，维修后需对设备重新检定，如未能达到使用要求，管理部门可申请降级使用或办理报废手续。

（6）生产设备、检验和测量设备的贮存、报废。长期闲置的生产设备、仪器仪表由管理部门负责贮存。贮存期间不进行周期检定，但要有防尘、防潮、防锈等保护措施。申请报废的设备、仪器仪表需经过管理部门组织相关部门进行技术鉴定，并填写《仪器仪表报废申请单》或《设备报废申请单》，报总经理批准后，方可报废。

（7）生产设备、检验和测量设备的周期检定。质检部负责编制需要外部检定的检验计划和测量设备的年度检定计划，经部门经理批准后，由质检部负责实施。质检部根据有关校准规程按时对内校设备进行检定和状态标识，并填写相关记录表。

8. 安全生产

蓝晶易碳自建厂至今无重大安全事故发生。公司严格遵守国家安全生产方针政策和法律法规，严格做好各个生产车间的防火、防爆等安全措施，认真落实安全生产要求，并成立安全生产负责小组。上岗前，公司要求各岗位人员必须认真学习并掌握本岗位安全操作规范，进行统一岗前安全教育培训，通过安全教育测试后方可上岗。上岗后，员工必须遵守公司安全生产制度，禁止酒后上岗，禁止吸烟，禁止违章堆放易燃易爆易腐蚀等危险品。公司严格落实相关制度，切实提高员工安全防范和事故应急处理能力，在很大程度上消除和减少了员工可能面临的职业健康安全风险，为生产的安全、正常进行提供了有力的制度保障。

第二节　质量管理

1. 质量认证

蓝晶易碳以"质量第一，用户至上，恪守信誉，持续改进"为质量方针，将质量作为公司的生存源泉。经过对产品质量和先进技术的不懈追求，蓝晶易碳所生产的太阳能电池组件于 2012 年 11 月通过 IEC 61215：2005 和 IEC 61730：2007 检测，太阳能路灯于 2014 年通过 CE 认证和欧盟 ROHS 检测。同时，蓝晶易碳从战略层面规划公司发展，在管理、技术、供应商和分销商关系及产品、市场、售后服务等方面建立起一套完善的质量管理体系，并于 2014 年 12 月通过 ISO9001：2008 和 GB/T19001–2008 体系认证（见图 7–1）。

图 7–1　蓝晶易碳质量管理体系认证证书
资料来源：蓝晶易碳提供。

2. 质量保证体系

（1）质量管理架构。蓝晶易碳本着"高质量，优服务，求发展"精神，制定了严格的质量管理办法，建立了完善的质量管理体系。经过多年优化改进，公司形成了成熟的质量管理组织结构（见图 7–2）。蓝晶易碳质量管理体系涵盖了公司各个部门，上至总经理、下到生产车间都是该体系的组成部分。每个部门都需要为本部门职责范围内的产品质量负责，并加强与其他部门质量管理问题的沟通和交流，以保证产品质量符合要求。

公司不仅设置了较为合理的质量管理体系组织架构，还对各部门在质量管理体系的职能做出了界定。根据 GB/T19000：2008 质量管理体系要求条款，结合各部门分工情况，蓝晶易碳对各个部门进行职能划分。如表 7–1 所示，公司总经理负责制定总则和管理体系总要求，划分各部门管理职责，资源提供和提出持续改进建议。管理者代表负责质量管理体系和管理职责的统筹管理工作。质检部负责产品的监视和测量，对不合格品、测量和监视装置的控制工作。生产部和车间负责基础设施和工作环境的质量管理，生产和服务的控制，标识和可追溯性工作，产品防护以及产品的监视和测量等相关工作。办公室负责质量体系相关要求的落实。采购部只对采购环节的质量管理负责。销售部主要负责落实质量管理体系中与顾客有关过程的要求条款。技术部负责落实条款中关于基础设施、实现过程的策划、生产和服务提供的控制、过程的监视和测量方面的要求。

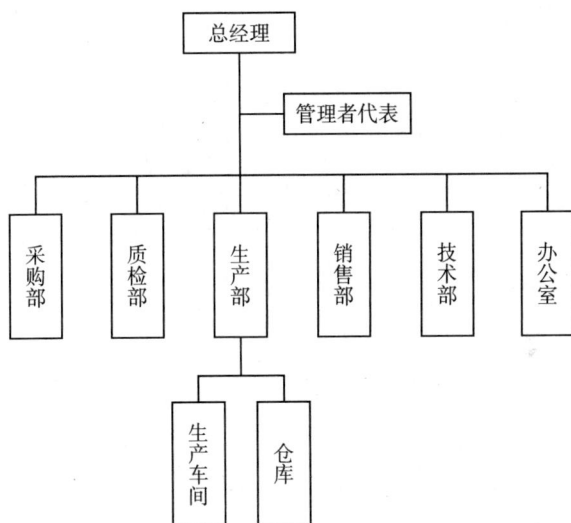

图 7-2 蓝晶易碳质量管理体系组织结构

表 7-1 公司质量管理体系职能配置

GB/T19000：2008 质量管理体系要求条款	职能部门							
	总经理	管理代表者	质检部	生产车间	办公室	采购部	销售部	技术部
4. 质量管理体系		★						
4.1 总要求	★							
4.2 文件要求					★			
5. 管理职责	★	★						
6.1 资源提供	★							
6.2 人力资源					★			
6.3 基础设施				★				★
6.4 工作环境				★				
7.1 实现过程的策划								★

续表

GB/T19000：2008 质量管理体系要求条款	职能部门							
	总经理	管理代表者	质检部	生产车间	办公室	采购部	销售部	技术部
7.2　与顾客有关的过程							★	
7.4　采购						★		
7.5.1　生产和服务提供的控制				★				★
7.5.3　标识和可追溯性				★				
7.5.4　顾客财产							★	
7.5.5　产品防护				★				
7.6　测量和监视装置的控制			★					
8.1　总则	★							
8.2.1　顾客满意							★	
8.2.2　内部审核					★			
8.2.3　过程的监视和测量								★
8.2.4　产品的监视和测量			★	★				
8.3　不合格品控制			★					
8.4　数据分析					★			
8.5.1　持续改进	★							
8.5.2　纠正措施					★			
8.5.3　预防措施					★			

注：★为主要负责部门；其他为辅助部门。
资料来源：蓝晶易碳提供。

（2）质量检验制度。蓝晶易碳针对质量检验各环节做了详细的制度规定，并严格按照规定对构成产品实体的物资、半成品及最终产品进行检验、测量和记录，以保证未经检验或未经验证的产品不投入使用、转序加工或交付给客户。

● 进货检验和测量。购进公司的物资，由原材料仓库管理员分类、分批放于仓库指定的"待检区"并放置"待检"标识。仓库管理员核实物资，在满足下列条件后填写《产品检验报告单》向质检部门报检。采购物资有确定的名称、型号、规格、附件、数量、生产日期和生产厂家，并与外包装盒相符；包装完整无损坏，若有损坏及时进行处置；外包装件做好防止划伤措施。如属于样品，管理员还需详细填写并注明"样品"字样。质检部接到《产品检验报告单》后，应及时对采购物资进行检验，并核对以下内容：该批物资供应商是否属于合格供方名单；采购物资的名称、型号、规格是否与《产品明细表》相符。管理员完成上述检查要求后，再按照有关检验文件要求进行检验。已检验合格的物资，质检员在《产品检验报告单》上填写"合格"后交仓库，由原材料仓库管理员办理入库；不合格的原材料由质检员在《产品检验报告单》上填写"不合格"后交仓库，原材料管理员将其移到不合格区或做好标识，依据《不合格品控制程序》通知供应科办理退换货或进行不合格评审，并填写《检验记录表》。对于本公司无检测手段的检验项目，相关部门可委托有关检验机构进行检验。

● 产品的检验和测量。车间生产人员需要在接收上一道工序加工结束的半成品时进行交接检验，并对自己加工的半成品、成品按作业文件要求进行检验。若交接时发现质量问题，下道工序有权拒收；在使用过程中发现上道工序问题时，应交回原工序操作者处理。生产车间在完成产品焊接后，应按焊接质量检验制度对产品进行质量检验，并按照要求填写《产品外观及几何尺寸检验报告》。产品焊接检验合格以后，生产车间应按照《耐压试验制度》对产品进行耐压检验和试验，并填写耐压试验检验记录。产品出厂前，质检部需要按照"成品出厂检验规程"规定的检验项目对产品进行出厂检验，并填写《产品质量检验表》。不合格成品由质检员在《产品检验报告单》上填写"不合格"后交生产车间返工，批次不合格品需报质检部复检，具体依据《不合格品控制程序》执行。延期发货且贮存期超过1年的产品应按标准进行复检，合格产品返库，不合格产品返工，并在返工后重新检验。本公司无检测手段的检验项目，相关部门可委托有关检验机构进行检验。

● 检验和试验记录。检验项目相应记录中需要由检验员按照标准要求填写具体的测量数据或内容，并由授权的检验人员签字或盖章。检验、试验记录由检验人员的管理部门负责保存，并执行《质量记录控制程序》。

（3）质量统计制度。质量统计制度可以通过对公司生产过程中质量信息的统计分析，为公司生产工作提供准确有效信息。蓝晶易碳制定质量记录控制程序、质量目标及数据分析管理程序，以保证质量统计工作的顺利进行。质量记录控制程序对质量记录进行控制管理，以直接或间接说明产品质量已满足合同或技术规定要求，适用于质量管理体系所有相关的质量记录。质量记录文件阐明质量活动所取得的结果或提供所完成质量活动的证据。按照质量管理体系文件和合同要求，质量管理体系运行和产品形成过程均要求有质量记录。质量记录一般包括质量记录名称、记录日期、所要记录的内容（或项目数据或描述），质量记录填写人必要的说明、结论等，并且填写应正确、清晰、完整和及时。办公室是质量记录的主管部门，负责质量管理有关记录确定，技术部负责生产过程中质量记录确定，其余各部门负责本部门所发生的质量记录管理。质量活动结束后，各部门文件管理员对质量记录表单进行登记备案，填写《质量记录控制清单》，并由专人将质量记录按规定时间、部门、类别收集保存。过期失效的质量记录由部门负责人员提出记录销毁申请，管理者代表批准后，再分批分期销毁并做好销毁记录。

质量目标及数据分析管理程序通过规范与产品质量和质量管理体系有关数据的收集、分析与应用，为寻求持续改进提供依据。该程序适用于公司质量目标有关数据的统计、分析与应用。蓝晶易碳由质检部负责采购检验合格率的统计，并报供应科、办公室。供应科根据不合格原因，采取一定的纠正措施，以保证进厂原材料的合格率。质检部负责成品出厂检验合格率的统计，并报办公室、生产技术科及生产车间。生产车间根据不合格情况，找出造成不合格的原因，制定出应对措施，并将其反馈质检科。销售部负责统计生产计划完成率，报办公室、生产车间、生产副总；统计成品漏检率和销售合同执行率，并报质检科、办公室；统计公司总目标顾客满意度，报办公室、总经理。办公室负责统计人员受训完成率和内审完成率，同时将公司质量目标完成情况统计汇总，上报总经理。以上各项质量指标，各部门须按月、年度进行统计分析，并及时报相关部门和领导。

（4）内部质量审计制度。根据公司质量手册要求，审核质量管理体系涉及的各部门开展的质量活动及其结果是否符合要求，是确保质量管理体系持续有效运行，并为质量管理体系改进提供依据的关键。因此，公司内部质量管理体系审核工作尤为重要。目前，蓝晶易碳已经建立起完善的内审制度，采取三段式内审程序。

● 审核前，由管理者代表指定审核组长并成立审核小组，审核人员必须是与审核领域无直接责任关系的人员。每年10月中旬，管理者代表策划下年度内审方案，审核组长负责制定审核实施计划。实施计划经管理者代表批准后，于审核前5天发至受审部门。

● 审核过程中，由审核组长主持组织召开首次会议，介绍审核目的、内容和计划。内审员通过交谈、查阅文件、检查现场、收集数据等方式检查质量管理体系运行情况。若现场发现问题，由内审员填写《不合格评审记录》交由受审核部门负责人确认、理解，并予以纠正。

● 审核结束后，审核组长负责组织各部门负责人召开末次会议，报告审核结果并完成《内审报告》。《内审报告》由审核组长编写并签字，报管理者代表审核批准后，送总经理及有关部门。《内审报告》应包括以下内容：受审部门，审核目的、范围和时间，审核标准，内审员名单，受审部门负责人，审核综述，不合格项纠正，预防措施要求及质量管理体系改进建议。《内审报告》发放范围为总经理、管理者代表、审核组长和受审部门。存在不合格项的部门接到报告后，在两日内对不合格项制定纠正和预防措施，交由审核员确认，并上报管理者代表批准实施。审核员对纠正措施计划的内容逐项跟踪检查，并验证其有效性，并将跟踪结果记入《不合格评审记录》的验证栏中。内审中的全部记录由审核组长上交办公室，按照《文件控制程序》和《质量记录控制程序》要求保存。

第八章　采购与营销管理

第一节　采购及供货商关系

一、原材料采购

根据实际生产需要，蓝晶易碳主要原材料采购情况如表 8-1 所示。2014 年，蓝晶易碳主要原材料采购费约 1 亿元，其中电池板采购额占原材料采购份额高达 56%，灯具类原材料占比约为 24%，直流时代及其他材料采购份额约占 15%。其中，电池片采购支出 3423 万元，占电池板原材料交易额 50% 以上，是公司采购交易额最高的原材料。电池板原材料钢化玻璃、铝合金和灯具类原材料铁锂电池组的采购交易额也较高，均达到了1000 万元以上。

表 8-1　2014 年蓝晶易碳主要材料采购情况

种类	名称	交易额（元）
电池板原材料	钢化玻璃	13311717.01
	铝合金	11410043.15
	电池片	34230129.46
	焊带	4437239.00
	小计	63389128.63
灯具类原材料	LED 线路板	6520024.66
	铁锂电池组	14398387.79
	五金	3260012.33
	航空线	2988344.64

续表

种类	名称	交易额（元）
	小计	27166769.41
直流时代及其他材料	直流盒子	3056261.56
	控制板	4414600.03
	线材	1867715.40
	电池板	7640653.90
	小计	16979230.88
太阳能小系统材料	充电宝系列	2943066.69
	控制器	1641325.65
	灯体部分	905558.98
	五金	169792.31
	小计	5659743.63
	总计	113194872.56

二、主要供货商

蓝晶易碳电池片、灯具支架及挑臂和灯珠等原材料供应商都拥有独立的研发设计团队，产品质量与性能安全可靠，在业界备受好评。

其中，海润光伏科技股份有限公司提供蓝晶易碳电池片需求量的50%~70%。海润集团拥有全球领先的生产设备和知名技术专家组成的科研团队，其生产的电池片有以下优点：光电转换效率高、性能稳定；独特的制绒工艺，更有利于太阳能电池短路电流的提高；精湛的扩散技术使得薄层电阻更均匀，有利于降低太阳能电池的串联电阻，提高电池片的光电转换效率；先进的PECVD技术，提供均匀的深蓝色氮化硅减反射膜；丝网印刷图案定位精准且电极平整度高，使电池更易于焊接和激光切割。海润集团的高性能电池片符合蓝晶易碳太阳能电池板技术要求，为实现太阳能电池的优良性能提供了质量保障。

灯具支架及挑臂供应商是蓝晶易碳的战略合作厂家，拥有丰富的生产经验，产品质量能够得到充分保障。目前，蓝晶易碳正在考虑对该厂商的收购计划，以进一步有效控制生产成本和模具成本，拥有产品创新优势。

蓝晶易碳产品使用日本进口日亚灯珠。日亚是世界著名的LED器件及荧光粉生产商，产品销售遍及全球各主要国家及地区。日亚灯珠采用陶瓷材质封装，散热性能极佳，可以提高太阳能灯具寿命。

蓝晶易碳深知原材料可靠性对于公司的重要性，积极与供应商建立友好的战略联盟关系。在符合市场行情前提下，蓝晶易碳坚持为供应商留下足够的利润空间，而不是一味欺压供应商。

三、供应链管理

供应业务对企业的日常生产活动有着直接影响。例如，原材料供应不及时将导致生产计划不能按时完成，原材料质量不合格将使产品质量出现问题等。因此，供应业务必须得到有效保障，才能够维持企业的日常活动。蓝晶易碳在摸索中逐步完善自身供应业务管理工作，先后成立内勤组和供应链中心协调公司供应业务。

2012年11月，蓝晶易碳成立内勤组作为产供销三者的中间链条，负责三者之间的及时协调和沟通。内勤组站在服务角度上，改善原有短板，形成了完善的链条责任管理队伍。为进一步解决由于材料不到位造成的订单交货期延误问题，公司于2014年取消了市场部内勤的跟单催单功能，建立供应链中心，并做了相关人员调动。供应链中心负责原材料和生产协调工作，当出现交货不及时情况时需找出责任人，并开出罚单。供应业务相关管理机构的建立和完善为正常生产经营活动提供了后勤保障，实现了对供应业务的科学有效管理。

除了针对供应业务设立相应管理机构，蓝晶易碳还对物料采购、供应商评价和库房管理等环节制定了相关管理规定和程序流程。随着管理设置和制度约束日益完善，蓝晶易碳的供应业务逐步趋于成熟，为产品质量和企业信誉建立了坚实的基础。

1. 物料采购

物料采购作为企业生产经营活动的初始环节，直接影响着产品的成本和质量，对企业竞争力和战略发展有着重要意义。蓝晶易碳成立采购部，并制定标准的采购控制程序，对物料采购环节严格把关。健全的物料采购体系满足了公司对于生产物料的需求，为公司正常生产经营活动提供了基本保障。

蓝晶易碳规定，由采购部每月根据生产和库存情况编制《材料采购计划》，然后按计划进行采购，并将相关信息通知质检部门和原材料仓库。根据供货方的不同性质，采购部需要采取不同的采购流程。对于签订长期供货协议的供方，采购人员只需在订货时明确型号、数量和交货期限并作好记录即可；对于未与本公司签署长期供货的供方，采购人员应向供方明确材料信息、交货期、违约责任和质量要求等信息，并签订合同；需要进行市场采购的材料，采购人员要择优选用合格产品。在供方交货过程中，采购部负责采购物资的跟踪工作，并及时向质监部门和原材料仓库反馈跟踪情况。

2. 供应商评价

采购部在选择物料供应商时，首先必须了解供方基本情况并整理保存，同时要提出公司有关要求并得到供方承诺和认可。依据产品的重要程度和性质，由生产副总安排相关人员进行供方考察和确认考察要点，考察结束后需要根据实际情况填写《供方资料卡》存档。如需供应商按要求提供样品，由质检部负责对材料样品的检验，然后根据检测、试验结果初步确定供方厂家。批次检验合格或经过使用后，质量较稳定的供方由采购、质量、生产部门根据对应的项目进行评价打分并签署意见后，报总工审批做出评定。采购部根据审批结论编制《合格供方名单》，再报总经理批准。总经理批准后的合格供货方仍需公司相关部门定期进行月度考核和年度考核，以保证物料的质量稳定性和价格合理性。当合格供方出现以下问题时，经评定后将取消其合格供方资格：产品质量不合格，反馈后不能及时解决或采取措施仍不能达到要求，经验证已无法继续合作的；连续三次出现产品质量不合格情况，提醒后仍有发生的；价格水平偏高15%以上，短时间内无法下调，且有替代供方的；交货期不稳定，影响公司正常生产，且有替代供方的。

供应商的月度考核由采购部供应商管理主管和专员负责。年度考核由供应商考核小组考核，采购部经理审批。供应商月度考核包括以下5个方面：采购部及质检部每月统计供应商供应材料的质量合格情况，进行品质评价；对供应商按时交货的能力以及补货达成情况等进行交期评价；采购部对供应商同类产品进行价格比较、价格评价；采购部对供应商的反应速度、增值服务等项目进行服务评价；对供应商社会责任感、品牌知名度等的评价。月度考核满分100分，以上五项考核项目分别占比40%、25%、15%、15%和5%，五项评分相加即为月度考核得分。年度考核与月度考核标准不同，计分标准为：年度考核得分＝月度考核平均得分×70%＋年终考核×30%。根据月度和年度考核绩效标准，蓝晶易碳将供应商分为：A类、B类、C类、D类、E类五类。其中，90分以上的A等厂商为优秀厂商，予以付款、订单、检验的优惠奖励；80~90分的B等厂商为良好厂商，由采购部提请厂商改善不足；71~79分的C等厂商为合格厂商，由品管、采购等部门予以必要的辅导；61~70分的D等厂商为辅导厂商，由品管、采购等部门予以辅导，3个月内未能达到C等以上，予以淘汰；得分60分及以下的E等厂商为不合格厂商，予以淘汰。

蓝晶易碳的供应商评价体系在保证物料质量前提下，尽可能优化物料采购流程，节省人力物力。供应商评价体系的完善，为公司正常生产活动和建立健康的长期供应关系提供了保障。

3. 库房管理

库房管理是企业供应链管理中的重要环节，科学有效的库房管理可以帮助企业维持正常运转，而不完善的库房管理则会导致费用支出增加、工程进度减慢，直接影响公司正常运营。蓝晶易碳主要从完善仓库工作流程和落实库房考核两个方面来加强库房管理。

蓝晶易碳仓库管理人员负责物资的从采购入库到销售出库的各项工作。入库时，仓管员负责清点实物数量是否与采购合同或申购单一致，在进行外观验收后将实物存入指定地点入库，并贴上标明商品编码、名称、规格型号和批次的标签。仓管员根据实物入库情况填制入库单，并每日及时核对入库单，然后将相应账联、汇总库日报表报送统计、财务。出库时，仓管员核实业务人员发货单并提前验货，办理出库单手续后，在发货单上签"货已发"字样。仓管员根据核对无误的发货单填制出库单，每天记账，并与发货单核对，然后将出库单送交财务、统计。如因销售急需放行的商品，可采取紧急放行措施，由经办人办理开具发货单并签字确认，交由仓库核实数量和规格后办理发货事宜，但事后必须及时补办各项手续。除了出入库管理工作，仓管员还需在每日下班前对主要库存物料进行盘点，编制盘点表，并与库存账面余额进行核对，将低于最低存量或超过最高存量的原材料、五金配件等及时报告供应、统计等部门。此外，仓管员每月和年终应协同财务部和其他有关部门对公司库存商品进行全面盘点，编制盘点表，并与账面余额核对。若出现账实不符情况，要分析原因，明确责任，提请有关部门处理。

为更好地落实库房管理制度，蓝晶易碳也采取了相应措施。例如，仓库管理制度中添加相关责任条例，对仓管员进行绩效考核。公司库房科学有效的运转，更好地协助了生产营销部门的日常工作，并为公司正常的生产经营活动提供了保障。

第二节　产品销售

产品销售是企业生产经营活动的关键环节。随着信息技术发展以及制造服务化趋势增强，产品销售已经不再是单一的买卖活动，还包含企业信用管理、品牌建设、售后服务和客户管理等内容。这对于蓝晶易碳来说既是机遇，也是挑战。在此发展背景下，公司积极结合现代信息技术和营销方法，拓展销售渠道，树立品牌形象，在成为具有国际视野、国际品牌的"蓝色家电"创新型企业道路上迈出了坚实的步伐。

一、公司销售体系

蓝晶易碳产品除了供应国内市场，出口也是其重要的营销渠道。目前，蓝晶易碳的产品已遍布中亚五国以及孟加拉、印度、韩国、日本、迪拜、马来西亚、非洲、塞浦路斯、中南美洲等全球数十个国家和地区。公司产品的快速推广与其完善的营销机构管理和专业的营销人员是密切相关的。

根据业务范围不同，公司设置销售部和国际部分别负责国内外市场的产品营销工作。其中，国际部拥有员工13人，全部为本科学历；销售部主要针对国内市场，拥有员工13人，全部为大专及以上学历。公司销售人员是一支具有国际化视野和创新能力的团队，具有勇于创新、突破自我的精神，能够突破公司的固有特征，避免工作中出现本土行为，为公司创造出不可替代的附加值。

在销售团队努力下，蓝晶易碳经过多年发展，已在全球30多个国家和地区设立直销铺面，还设有4个国内销售公司和7个驻外销售机构。国内销售公司分别位于新疆、青岛、日照高新技术产业园和日照市莒县。驻外销售机构分别位于缅甸、柬埔寨、孟加拉、沙特阿拉伯、也门、埃塞俄比亚和坦桑尼亚。近年来，公司创立了独特的唐店销售模式，并积极利用电商等销售渠道，企业商业模式创新迈上了新台阶。

图 8-1　墨西哥用户购买蓝晶易碳的太阳能灯具

资料来源：蓝晶易碳提供。

图 8-2　蓝晶易碳在哥伦比亚安装大桃子灯

资料来源：蓝晶易碳提供。

二、市场调查分析

外部环境对企业的影响巨大，甚至可以决定一家企业的成败。因此，企业对市场环境变化的及时捕捉和应对措施的快速反应就显得尤为重要。

蓝晶易碳发展过程中经历了市场环境的大幅波动，尤其是 2012 年的欧盟"双反"危机。在应对市场波动过程中蓝晶易碳领导团队高度重视市场化调查，公司高层亲自带队深入国内外主要区域市场开展深入细致的调研，及时调整企业战略定位和主攻市场，充分发掘广大农村市场需求，适时推出差别化的离网产品，为企业脱离红海竞争、站稳利基市场打下坚实基础。

2012 年，我国光伏产业在欧美发起针对中国企业的"反倾销、反补贴"调查中严重受挫，光伏企业的竞争优势和全球市场地位被严重削弱。为应对市场环境变化，蓝晶易碳从产品端、客户端和行业端三个方面分别采取相应措施，尽可能降低企业损失和风险：一是针对产品端提出加大非常规产品在总销售额的比例。公司决定尽可能降低纯电池板销售比例，提高系统集成产品销售额度，即非常规产品销售比例。在公司前几年销售额中，太阳能电池板的销售比例约为 90%，主要原材料硅片若出现断层现象，公司将遭受巨大损失。而且，如果该市场有大量上市公司或者大型公司介入，其品牌优势、渠道优势、资金优势等都将对公司造成极大威胁。因此，公司决定降低纯电池板销售比例，提高"电小二"、路灯、LED 灯具等非常规系统集成产品销售额度。二是针对客户端提出坚守已有市场份额和客户群。在国际销售中，亚非拉是公司现有的优质销售市场，在海润等大企业开始介入并获得竞争优势之前，应做好充足准备并积极应对，巩固现有客户群。在国内销售中，要坚守已有的工程商渠道，离网产品、路灯产品、便携产品销售市场以及光照条件好的内陆地区的市场领域。三是针对行业端提出转进 LED 等新行业。公司国内销售市场积极转入新行业，尤其是 LED 灯具行业，主要包括球泡灯、LED 路灯、T8 管、T5 管等家用或商用灯具。

光伏市场机遇与危机并存，而在危机中看到并把握契机是蓝晶易碳努力方向。此次对于市场变化的快速反应和面对危机科学而有效的处理方式，使公司在国内其他同类光伏企业遭受损失时销售业绩保持稳步上升。"双反"事件使管理层积累了危机处理经验，并提高了公司对于市场调查分析的重视，对公司长远发展有重要意义。可以说，细致严谨的市场调研是蓝晶易碳公司在光伏领域实行差别化经营并取得成功的关键。

三、信用管理

信用是企业生存根本，关系企业的长远发展。随着经济契约化，信用已经成为企业之间合作与交易的先决条件。一个企业只有拥有良好信用，才能在市场关系的开拓和维系中赢得供应商和营销商的青睐。

蓝晶易碳十分重视信用管理，严格遵守合作协议中规定的时间与质量等相关要求，做到保质保量按时交货。在多年经营过程中，公司信用管理从未出现不良记录，树立起良好的品牌形象，与企业和客户之间建立起长期合作关系。

四、品牌建设

蓝晶易碳品牌设计为"蓝晶易碳"——Blue Carbon。公司生产产品是利用太阳能电池板将太阳能转换为电能，而制作电池板的原材料为蓝色晶体硅，即"蓝晶"；"易碳"则意为太阳能发电取代传统的煤炭火力发电，从而为减少碳排放做出贡献。蓝晶易碳立志于将自身打造为具有国际视野、国际品牌的创新型新能源家电企业，促进洁净能源和低碳经济发展。在国际国内两个市场上，蓝晶易碳坚持以自主创新产品打出自有品牌，切实践行企业长远发展、做精做美的发展理念和战略定位。

五、售后服务

随着新经济时代的到来，顾客和商家越来越重视产品售后服务。售后服务关系购买者的满意程度，对企业品牌形象有着至关重要的影响。购买商品时，在同类商品性能和价格相似情况下，消费者更愿意选择具有优质售后服务的产品。购买商品后，优质售后服务会使消费者自发进行口碑宣传，对提高产品市场占有率和品牌形象有强有力的作用。售后服务已经成为实现企业营销目标的必要条件和关键因素，越来越多的企业开始注重加强自身的售后服务。

蓝晶易碳始终坚持以顾客为中心，不断提高和完善自身服务水平，加强售后服务管理。蓝晶易碳所生产产品中，电池板质保期为 5 年，一体化太阳能路灯质保期为 3 年，光明灯保修期为 2 年，其他便携电子产品保修期为 1 年。产品保修期内，公司将免费维修和更换由于质量原因造成的零部件损坏；而产品保修期外或人为原因造成的零部件损坏，公司的维修服务和提供的配件按成本价计算。

公司在产品覆盖地区集中设立维修站点，再根据实际运营情况新增维修站点，为客户提供迅速快捷的售后维修服务。产品出现问题时，蓝晶易碳做到 24 小时内响应, 国内 48 小时内排除障碍。

六、客户管理

蓝晶易碳采用伟峰 OA 系统进行信息化客户管理工作。公司规定, 完成交易客户的相关信息需及时录入 OA 系统。当该客户再次下单时, 工作人员可以即时查阅之前的录入信息, 了解客户情况和曾经购买的产品及价格, 保证交易活动更好进行。

除了信息化管理工具的应用, 公司还通过与客户邮件、电话沟通, 往来拜访等方式进行客户关系维护, 并充分利用阿里巴巴国际站和国内站、国内国外展会、客户推荐、当地渠道建设和当地经销商代理商推广等渠道进行客户关系开发。

第三节　创新商业模式

一、"三品三农三店"模式

2014 年, 在深入开展市场调查基础上, 蓝晶易碳结合公司市场实际情况和发展战略, 创造性提出了 "三品三农三店" 思维。

● "三品思维" 包括单品思维、精品思维和新品思维。其中, 单品思维是每一系列产品只做单款, 如家用庭院灯 (苹果 1)、充电宝 (P7) 和小冰箱等; 精品思维是对产品和服务精益求精, 让广大农村消费者能够体验城市精品电器的质量; 新品思维要求公司不断推出新产品, 实现对客户的持续控制力。

● "三农思维" 主要是针对国内农村市场。公司经过调研比较, 敏锐发现邮政系统在对接农村用户方面的渠道优势。通过与邮政系统开展战略合作, 以较低的推广成本, 将销售网络触角成功伸向广大农村。公司以山东省日照市和泰安市为试点, 利用邮政系统现有的三农服务站, 建立起乡村版 B2C 模式。目前, 蓝晶易碳又与山西邮政建立了战略合作关系, 进一步向农村用户推广太阳能离网产品。

● "三店思维" 是通过建立体验店、取货店和回家的礼品店来拓宽产品销售的覆盖范围和公司营销渠道。体验店可分为数字化生活体验店、城市精品体验店和直流微网体验店三类。取货店主要为尚无产品覆盖经销商的城镇和农村提供产品，便于顾客购买和取货。回家的礼品店为远离家乡工作的青年提供为父母订购光伏产品的渠道，完成网上订购后，其父母可在家乡所在地三农服务站点取货。目前，蓝晶易碳通过经销商授权等方式，将销售网络延伸至山东、河南、甘肃、宁夏、内蒙古等省区的农村地区，进一步拓展了国内市场（见图 8-3）。

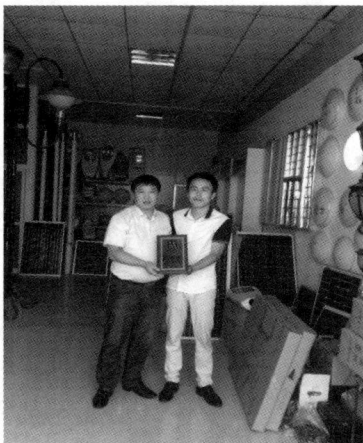

图 8-3　蓝晶易碳在农村地区的部分授权经销商
资料来源：蓝晶易碳提供。

二、唐店模式

在"三品三农三店"模式运营积累经验基础上，蓝晶易碳在国内首次开创了太阳能离网产品营销的唐店模式，并计划覆盖国内外销售网络，为基础设施建设滞后的广大后发和偏远地区提供新能源技术和产品。这种模式不仅有助于节省电网建设投资，减少传统能源给生态脆弱地区造成的环境污染和生态损害，而且为农村消费者解决照明、用电、灌溉、制冷、通信等多种需求，使其以较低成本尽快接入现代生产和生活体系。

目前，唐店模式已在缅甸运营（见图 8-4 和图 8-5）。这一模式目标是建立 1000 家 4R 店（Reservation，Repair，Rent，Redesign），使每 3~50 个村的区域（相当于中国一个镇的大小）至少有一家 4R 店，实现"工厂—乡镇"商业模式。依托唐店实体店，积极推广手机微信下单等方式的预订式销售，使每个店辐射范围达到 50 个村或者 1000 户居民。公司还会对每个店面进行定期回访，回访周期为 2 个月，主要包括货物补给、库存盘点、货款回收、新意见征集和产品知识培训等内容。

唐店模式丰富了太阳能离网产品的营销渠道。应该看到，无论从模式命名，还是从其运营架构、目标导向，唐店模式都体现了蓝晶易碳的核心优势，彰显公司立足战略定位和市场环境变化开展管理创新的综合能力。这一模式蕴含的超前理念和领先策略在一定程度上反映出中国中小企业在管理创新领域勇于探索、大胆实践的趋势，对于国内中小企业创新商业模式以及战略性新兴产业开发差别化市场提供了有价值的案例和可复制的经验。

图 8-4 公司海外唐店授权牌

资料来源：蓝晶易碳提供。

图 8-5　蓝晶易碳在缅甸开设的唐店

资料来源：蓝晶易碳提供。

第九章　技术研发与信息化建设

随着经济全球化进程逐步加快和技术水平迅速提高，科学技术已经成为影响企业市场竞争的核心要素，在企业发展中起着不可或缺的关键作用，成为企业打赢市场竞争的利器。蓝晶易碳从创立之初就认识到技术创新对公司发展的重要意义，特别注重技术水平的提升和对技术创新的支持。蓝晶易碳的核心领导为"技术出身"，并接受过国外先进管理理念的洗礼，始终有着很强的创新偏好。这种背景为企业发展刻下了鲜明的印迹，并为公司的差别化战略提供了有力支撑。2010 年，蓝晶易碳正式成立技术部，专门负责技术与研究开发工作。近年来，蓝晶易碳进一步加大研发投入，规范科研工作管理，注重原始创新、集成创新和引进消化吸收再创新的结合，探索产学研用结合的体制和机制，实现科研和信息化建设工作的新突破、新进展。

第一节　研发创新与企业核心技术

一、企业核心技术

1. 印制电路板的设计

由印制电路板制造的电子产品具有重量轻、体积小、机械强度高、可靠性高、一致性好和易于标准化等优点，几乎所有电子设备，小到电子手表、计算器，大到计算机、通信设备都需要印制电路板元件。印制电路板设计是电子器件由电路原理图变成实际产品的必经工序，其设计与产品质量密切相关。优秀的印制电路板设计需要综合考虑内部电子元件布局、外部连接布局、金属连线和通孔的优化布局、电磁保护以及热耗散等因素，达到节约生产成本、拥有良好电路性能和散热性能目标。

公司科研团队目前已经具备较为成熟的印制电路板设计能力，可以自行设计满足不同需求的印制电路板。科研人员已多次参与新型产品的研发工作，并根据不同产品要求自主设计研发印制电路板，提高了产品性能，降低了生产成本，大幅提升了公司的市场竞争力。

2. 铁锂电池的应用

与传统铅酸蓄电池相比，铁锂电池在循环寿命、安全性等方面都具有显著优势。在同样的使用条件下，铁锂电池使用寿命可达 7 年以上，性能价格约为传统铅酸电池 4 倍以上。铁锂电池还可以大电流快速充放电，而且容量更大，无记忆效应，耐热温度高于铅酸蓄电池两倍以上，具有可靠的安全性，解决了传统电池的安全隐患问题。不仅如此，铁锂电池还更加绿色环保。由于以上优势，铁锂电池正逐渐应用于通信、国家电网以及电动车等行业。

蓝晶易碳敏锐地捕捉到市场机遇，率先将铁锂电池用于公司光伏产品，有效解决了传统胶体电池或铅酸电池存在的寿命短、易硫化等问题。铁锂电池的突破性运用为公司光伏产品创新注入了新动力，获得了显著的经济效益。

二、专利技术

专利是国家知识产权局按照专利法规定授予申请人在一定时间内对其公开的发明创造成果所享有的独占、使用和处分的权利。在知识经济时代，专利已经成为企业获得市场竞争优势的关键。蓝晶易碳已通过自主研发获得 7 项实用新型专利，通过独占许可获得 3 项实用新型专利（见表9-1 和图 9-1）。值得注意的是，公司不仅注重技术专利，而且在产品外观设计等方面开展了持续的研发创新投入，先后开发出以水果、事务外形（包括苹果、桃子、香蕉、面包等）可供室内外安装使用的太阳能离网照明灯系列产品，并申报获得了发明专利。这些产品投放市场后，拉近了高科技新能源技术与消费者的距离，增强了消费者的辨识度和体验感，在较短时间内便赢得了较好的市场反响。

表 9-1　公司专利汇总

序号	专利名称	类别	授权日期	专利号	获得方式
1	带有电池加热装置的太阳能路灯 PS01　RD14	实用新型	2015 年 05 月 13 日	ZL201420813731.3	自主研发
2	太阳能转直流电用转换器 PS02　RD13	实用新型	2015 年 05 月 13 日	ZL201420733839.1	自主研发
3	太阳能室内照明灯 PS01　RD12	实用新型	2015 年 03 月 11 日	ZL201420555490.7	自主研发
4	一体化太阳能庭院灯 PS01　RD10	实用新型	2014 年 10 月 22 日	ZL201420288115.0	自主研发
5	自动串焊机用电池片安放架 PS03	实用新型	2014 年 10 月 8 日	ZL201420291270.8	独占许可
6	光伏组件暂放架 PS03	实用新型	2014 年 10 月 8 日	ZL201420282355.X	独占许可
7	新型光伏组件用焊接工装 PS03	实用新型	2014 年 10 月 8 日	ZL201420291571.0	独占许可
8	一体化路灯 PS01　RD9	实用新型	2014 年 06 月 18 日	ZL201420038581.3	自主研发
9	光伏水泵专利	实用新型	2012 年 8 月 9 日	ZL201220408515.1	自主研发
10	带有光伏瓦的车棚	实用新型	2012 年 8 月 9 日	ZL201220408498.1	自主研发

资料来源：蓝晶易碳提供。

图 9-1　公司部分专利授权书

资料来源：蓝晶易碳提供。

三、非专利技术

为更好营造企业自主创新氛围，促进企业技术进步，增强企业核心竞争力，进一步调动广大员工，特别是技术人员进行科技创新的积极性和创造力，蓝晶易碳制定了科技立项方案，并积极推进该方案落实。截至2014年6月，公司立项科技项目已达14项，其中有8项已获得国家实用新型专利，尚未获得专利的项目也积极推动了公司技术创新和产品升级（见表9-2）。

表9-2　非专利技术统计

序号	项目名称	项目编号	实施时间
1	太阳能组件封装结构研发及产业化	RD01	2011.10.10~2012.06.30
2	全自动太阳能电池片测试分选系统研发	RD04	2012.02.09~2012.12.31
3	高效晶硅太阳电池生产关键技术及成套工艺	RD06	2013.01.04~2013.12.28
4	直流微网项目	RD07	2013.01.09~2015.12.31
5	节省能源的太阳能空调研发	RD08	2013.01.15~2013.06.27
6	光伏 PID 现象原因分析及改进措施研究	RD11	2014.02.10~2014.12.31

资料来源：蓝晶易碳提供。

第二节　研发管理

在积极推进技术部研发工作的同时，蓝晶易碳还与中南大学能源科学与工程学院建立产学研合作关系，推动公司的技术创新和新产品研发工作，积极开发优势产品，提升市场竞争力。不仅如此，公司不断强化科研和创新制度建设，为科技人才提供更好的工作环境和发展平台。

一、研发机构设置

为加大公司光伏装备及光伏产品科研开发力度，提升企业自主创新能力和市场竞争力，努力实现建设日照光伏产业龙头企业目标，蓝晶易碳于2010年成立技术部，负责自主研发新技术和开发高科技新产品。为保证技术部健康发展，公司严格按照 ISO 管理体系要求制定产品设计、验证等控制程序。公司制定严格的研发项目把控标准，明确规定需在立项前进行全面策划并提供立项报告和项目预算表，设置分阶段定期组织设计评审。同时，公司还建立研发项目投入的核算体系，设置研究开发费用核算账目，并且每年投入大量资金用于相应研发设施设备的添置与更新，以保证公司技术水平处于同行业领先地位。

1. 基本情况

技术部全面主持公司技术研发管理工作，主要负责规划公司技术和新产品发展路线，制定、监督、执行公司工艺和技术标准，建立和完善质量管理体系。

蓝晶易碳现有研究开发人员15人、科技人员32人，全部为大专及以上学历，具有坚实的理论基础和丰富的实践经验，是一支高学历、高素质、知识结构合理和现场经验丰富的科研队伍。研究开发人员包括技术部专职研发人员11人和总经办员工3人，主要负责寻找客户需求痛点并设计解决方案。科技人员包括技术部全体员工和总经办、生产部、采购部、图文部部分员工，主要负责验证和检测研发人员所设计新产品的可行性、实用性和技术合理性。

为更好地配合科研人员相关工作，公司每年投入大量资金用于采购先进设备，有效推动了公司科研工作的进展（见表9-3）。

表9-3 公司研发设备清单

序号	设备名称	型号	数量（台）
1	组件测试仪	XJCM-8A	1
2	条码打印机		1
3	空压机		1
4	激光划片机	YMS-50	6
5	太阳能设备		2
6	太阳能电池层压机	TDCT-Y11	2
7	激光打标机		1
8	单体测试仪		1
9	铝型材切割机		1
10	普通机床	CDS6136/1000	1
11	数控车床	CKA6140/1000	1
12	立式加工中心	VDL-1000	1
13	激光切割机	DN-1530	1

序号	设备名称	型号	数量（台）
14	互连条裁切机	BX-SCC2	1
15	空压机	W-1.0/7	1
16	太阳能组件测试仪		2
17	太阳能电池分选机		2

资料来源：蓝晶易碳提供。

2. 技术部管理情况

（1）日常管理。公司日常工作包括考勤、绩效考核、内部人员调配等。技术部人员需要严格遵守公司日常工作管理制度，认真落实技术部各项制度与要求。在工作中，技术部员工要做到遵纪守法，听从上级安排，按计划完成各项工作进度，与上级及时沟通工作难题，主动发现问题并妥善处理，不断学习，逐步提升自身技术水平。

（2）科研立项管理。公司设立研发项目领导小组和评审专家组管理科研立项工作，专家组向领导小组负责，主管项目立项和评审工作。根据公司发展战略要求或市场需求，各部门和个人可以提出新项目，并从立项的必要性、项目创新性、技术方案可行性、目标与任务可实现性、项目经费预算合理性以及项目规模化生产的经济效益预测等各方面认真调查研究，如项目切实可行，可提交拟研发项目的可行性研究报告至技术部申请立项。评审领导小组经过市场调研后，对可行性报告进行审定。立项成功后，公司与项目小组签订《科技项目立项书》，明确规定项目所属类别、等级、进度计划、项目验收指标和验收方式等内容，然后由部门和策划人提供物资计划，经总工程师审核后，按计划安排实施。项目完成后，单位和项目策划人填写技术改进创新合理化建议成果鉴定表，明确创新项目具体内容、详细填写年度效益情况，交送评审领导小组综合评定。评审结果再送至研发项目领导小组终审，评审通过后，项目小组可获得协议规定的现金奖励。

（3）新产品研发管理。新产品开发是蓝晶易碳研发团队重要任务之一，是企业发展和壮大的关键性影响因素。新产品研发不仅包括创造性研制新产品，也包括改良原有产品。典型的产品设计过程包含四个阶段：概念开发和产品规划阶段、详细设计阶段、小规模生产阶段、增量生产阶段，涉及面广、科学性强，需要统筹安排和科学计划才能顺利完成。为此，蓝晶易碳制定了从新产品开发需求到投入正常生产的详细程序，如图9-2所示。

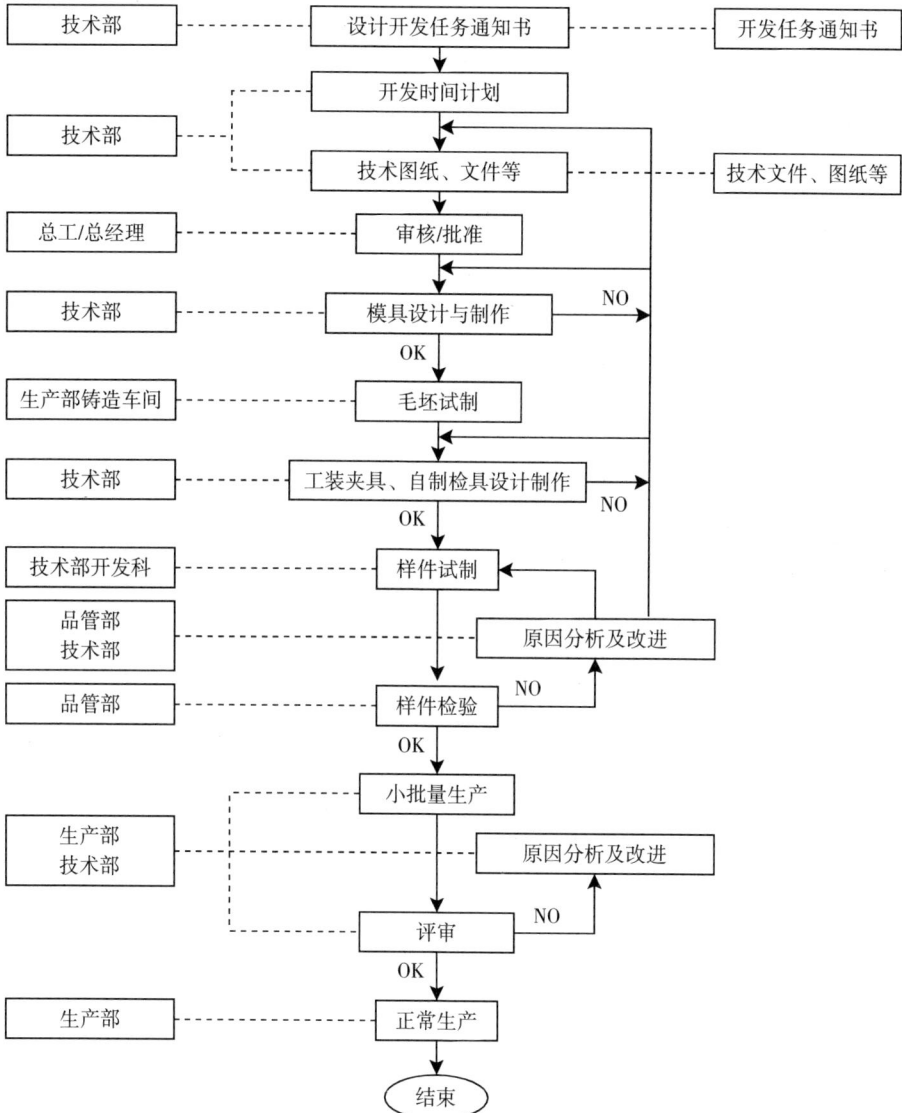

技术部	设计开发任务通知书	开发任务通知书
技术部	开发时间计划	
	技术图纸、文件等	技术文件、图纸等
总工/总经理	审核/批准	
技术部	模具设计与制作 → NO	
生产部铸造车间	OK ↓ 毛坯试制	
技术部	工装夹具、自制检具设计制作 NO	
技术部开发科	OK ↓ 样件试制	
品管部 技术部	原因分析及改进	
品管部	样件检验 NO	
	OK ↓ 小批量生产	
生产部 技术部	原因分析及改进	
	评审 NO	
生产部	OK ↓ 正常生产	
	结束	

图9-2 新产品开发程序

资料来源：蓝晶易碳提供。

(4) 科技档案管理制度。规范科技档案管理制度，完整保存和科学管理公司技术档案，可以充分发挥技术档案在公司发展中的作用，更好地服务于公司科研工作。公司制度规定，凡技术部工作中形成的具有保存价值的文件材料，都由技术部档案人员进行收集、整理、立卷和归档，任何部门和个人不得擅自处理。科技档案和设备、仪器档案材料均应在工作结束后立卷归档。卷内文件应齐全完整，收文应有正文、附件、办理结果；发文应有定稿、印本、附件；来往文书应有请示、批复；处分材料应有综合、旁证、个人交代和处理结果。文件材料归档后，档案人员应本着便于保管、方便利用原则对案卷进行加工整理、编目、登记和统计，做到排列有序，并按年代和保管期限编号。档案人员应当严守档案材料机密，未经许可不得擅自摘录和复制，不准随便转借档案。外借档案必须经技术部主管领导同意，并向档案人员办理借阅登记手续，且借出时间一般不得超过7天，超过时间需另行办理手续。技术部档案分为永久、长期、短期三个保管期限。对超过保管期限且失去保存价值的档案，可提出销毁意见，并填写销毁清册报技术部主管领导和上一级档案管理部门审批后方可销毁。销毁时应指定二人监销，并在销毁清册上签字，防止泄密。

(5) 保密制度。公司秘密尤其是技术关键信息的泄露会对公司造成不可挽回的损失。为全面提高员工保密意识，加强保密管理，维护公司利益，防止无形资产流失，防止公司知识产权、工艺技术、市场营销等秘密外泄，蓝晶易碳制定了关于保守企业秘密的若干规定。公司规定，自进入公司工作之日起，公司员工必须与公司签订保守公司秘密协议书。保密协议要求员工在任何情况下都不得以任何方式泄露、出卖公司商业秘密或利用公司商业秘密为他人服务。协议严禁员工将公司文本或电子资料保管在家中或保存于私人电脑，确因工作需要将资料保存在U盘的，应该严格保管，不得失控或提供给他人使用。员工在合同期内因辞职、调动等原因解除劳动合同或因违纪被公司除名、开除后五年内不得在集团公司以外的生产同类产品或经营同类业务的单位工作及泄露原公司商业秘密。员工在开展业务工作中应随时注意维护公司商业秘密，凡发现本公司商业秘密被外单位或个人侵害，要积极收集、保管好证据并及时报告公司总经理办公室。如有违反公司保密规定，造成经济损失的行为，公司将按照国务院《企业员工奖罚条例》对员工给予行政处分或经济赔偿直至解除劳动关系。对员工积极举报侵犯本公司秘密的人和事，公司予以奖励并通报表扬；如果举报者要求保密，公司为其保密并提供适当的保护。

二、研发投入

研究开发经费是用于开展科学技术研究、开发、推广应用的专项费用，适用范围如下：为进行科学技术研究开发和新技术推广所产生的调研费、资料费、技术协作费、材料费、测试仪器购置费等费用；为进行研究开发项目评定，进行技术咨询和学术交流等活动所产生的评审费、咨询费、会议费等费用；为开展科技情报及知识产权工作所产生的技术资料费、专利年费等费用；用于科技进步奖励所产生的费用。

近年来，蓝晶易碳不断拓宽研发经费获取渠道，加大研发投入力度，先后争取了国家对重点研究开发项目的专项拨款，并在公司成本列支和其他方面筹措研究开发项目费用。目前，蓝晶易碳研发经费支出比例约为5.8%，每年投入1200余万元研发新产品。研究开发经费由技术部根据研究开发项目计划下达到具体项目，实专款专用，严格管理。研究开发经费的科学管理和合理利用，促进公司科学研究和新技术的推广应用效率的不断提高，带动公司经济效益明显提升。

三、产学研合作

产学研合作是蓝晶易碳进行技术创新的新形式，高校拥有的高新技术和智力资源可以提供丰富的技术储备，再结合公司先进的技术设备和专业的生产技术，能够更好地实现技术创新。2013年10月，蓝晶易碳与中南大学能源科学与工程学院签订产学研合作协议，建立长期合作关系，实现两者优势资源的有效利用。

1. 校企合作，联合攻关

双方各自发挥自身优势，加强技术交流，不断提高并改进研究水平，并努力解决生产中的实际问题。同时，双方应积极组织、协调双方力量，组成科研生产联合体，对国家和地方重点工程项目、重大科技项目和高技术产品进行联合投标、联合申报、联合攻关与联合开发。

2. 加快科研成果优先转化

中南大学自行开发的科技成果，在同等条件下优先转让给蓝晶易碳，并在转让过程中提供技术支持。

3.共同组建人才培训基地

在生产许可的情况下，蓝晶易碳承担中南大学能源科学与工程学院师生的实习（实训）任务，并派遣管理人员、技术人员参与学校教学活动，如举行学术讲座，指导毕业设计等。中南大学需要为蓝晶易碳进行科技和管理人才培训，并且在毕业生招聘会时优先推荐本校优秀毕业生。

4.资源共享，全面合作

双方本着互惠原则，共享科技成果数据库、技术标准数据库、科技文献、图书资料等专业平台，共同开放有关实验室、研究室（所）与技术中心，共享科研仪器设备和设计仿真软件，尽力为生产和研发提供便利，力争"双赢"。此外，双方还可以通过联合组织学术活动、主办本地区行业学术年会和邀请知名学者进行学术讲座等形式开展国内和国际技术交流。

公司与中南大学能源科学与工程学院的产学研合作不仅促进了高校人才培养和科研水平提高，而且加快了蓝晶易碳生产技术进步。中南大学能源科学与工程学院针对蓝晶易碳在晶体硅太阳能电池制造工艺和薄膜太阳能电池制造工艺中急需解决的技术难题和攻关项目，积极推荐合适的新技术、新工艺、新产品等科技成果。同时，尽可能及时向蓝晶易碳传递有关部门最新信息和参加国内外重大科技交流和学术活动有关信息，为实现公司产品技术水平领先与企业可持续发展提供了保障。

四、研发人员的激励机制

技术部门拥有具备高水平专业知识、控制关键资源并对企业发展起到关键作用的核心员工，是实现企业产品技术水平领先的战略性保障。若发生人才流失现象，将会直接影响公司项目的正常开展。因此，蓝晶易碳十分重视科研人员的管理与激励工作。

公司绩效考核制度明确规定，对本企业业务或技术上有特殊贡献（如技术改造、技术获专利等），经采用后获得显著绩效的员工给予特别奖励（如记大功、嘉奖等），并记入绩效考核记录。科技项目立项制度规定，终审审核通过的项目小组会按照协议给予现金奖励。一系列人才激励机制吸引了大批优秀科技人才加入公司并开展技术研究开发工作，也增强了科技人员的凝聚力。不仅如此，公司还定期组织在职科技人员学习培训，加快科技人员的知识更新，为企业培养和造就高素质的技术人才。

五、研发项目产业化进展

蓝晶易碳密切关注产业相关信息，及时捕捉市场需求的转变，积极开展相关科研工作。在相关制度的激励下，公司共完成 14 项科技立项项目，申请 11 项实用新型专利。公司科技立项和专利申请制度中明确要求相关研究必须适应市场需求，新技术或新产品必须为公司带来效益。通过落实相关制度，公司科技项目成功率和科技成果转化率达到百分之百（见表9-4）。蓝晶易碳科研项目产业化的顺利进展为公司带来了可观的经济收益和良好的社会反响，提供了更好的资源和发展平台。

表 9-4　企业科技成果转化明细

序号	科技成果名称	取得方式	科技成果类型	转化年度	形成的产品、服务、样品、样机	备注
1	单晶太阳能电池板	自主研发	非专利类型	2012 年	形成单晶太阳能电池板类产品，服务于无锡图泰电器装备有限公司	IEC 认证证书/销售合同/过程确认记录/生产过程检验记录表/产品模板参数
2	多晶太阳能电池板	自主研发	非专利类型	2012 年	形成单晶太阳能电池板类产品，服务于无锡图泰电器装备有限公司	IEC 认证证书/销售合同/过程确认记录/生产过程检验记录表/产品模板参数
3	光伏水泵	自主研发	实用新型专利	2012 年	形成光伏水泵产品，主要用于外销	专利：ZL201220408515.1/销售合同
4	带有光伏瓦的车棚	自主研发	实用新型专利	2012 年	形成产品，具有双重功效，既能作为车棚使用，又可以通过光伏瓦发电供负载使用	专利：ZL201220408498.1
5	全自动太阳能电池片测试分选系统	自主研发	非专利类型	2012 年	形成样机，并应用于公司自有电池生产线并实现规模化生产。电池片尺寸、生产效率、碎片率、分选档位、重复性和可靠性等六个主要技术指标达到国外进口设备同等水平	查新报告，报告编号：201365310647
6	多功能太阳能随身电源	自主研发	实用新型专利（已失效）	2013 年	形成太阳能充电宝产品，服务于无锡图泰电器装备有限公司	专利：ZL201320323238.9/CE 认证证书/销售合同
7	高效晶硅太阳电池生产关键技术及成套工艺	自主研发	非专利类型	2013 年	形成服务，可有效降低自给式家用光伏组件衰减率，提升组件转换效率大于 16.5%，使用寿命不低于 25 年，衰减率在 2 年内分别不高于 3.2%	查新报告，报告编号：201465310711

续表

序号	科技成果名称	取得方式	科技成果类型	转化年度	形成的产品、服务、样品、样机	备注
8	直流微网项目	自主研发	非专利类型	2014年	形成应用产品—太阳能水泵、太阳空调、太阳能灯、直流时代,来满足客户水、冷、气、光、电的日常生活需求	查新报告,报告编号:201565310199/销售合同
9	太阳能空调	自主研发	实用新型专利	2013年	形成太阳能空调产品,采用无氟新型环保冷媒,对环境无任何污染,既创造了室内宜人的温度,又能降低大气的环境温度,还减弱了城市中的热岛效应	专利:ZL201320352425.X
10	一体化太阳能路灯	自主研发	实用新型专利	2013年	形成一体化太阳能路灯产品,服务于中国邮政集团公司山东省分销	专利:ZL201420038581.3/销售合同
11	太阳能光明灯(BCT-DTL1.0)	自主研发	非专利类型	2013年	形成太阳能光明灯产品,服务于无锡图泰电器装备有限公司	销售合同/产品合格证/产品图片
12	太阳能平板灯(BCT-OLF1.0)	自主研发	非专利类型	2013年	形成太阳能平板灯产品	产品合格证/产品图片
13	太阳能苹果灯(BCT-OLA1.0)	自主研发	非专利类型	2013年	形成太阳能苹果灯(光控)产品,服务于中山市冠均太阳能科技有限公司、中国邮政集团公司山东省分销、无锡图泰电器装备有限公司	CE认证证书/销售合同/产品合格证/产品图片
14	太阳能桃子灯(BCT-OLP1.0)	自主研发	非专利类型	2013年	形成太阳能桃子灯产品	CE认证证书/产品合格证/产品图片
15	太阳能西瓜灯(BCT-OLM1.0)	自主研发	非专利类型	2013年	形成太阳能西瓜灯产品	产品合格证/产品图片
16	太阳能香蕉灯(BCT-OLB1.0)	自主研发	非专利类型	2013年	形成太阳能香蕉灯产品	CE认证证书/产品合格证/产品图片
17	直流时代	自主研发	非专利类型	2014年	形成直流时代系列产品	IEC认证证书/检验报告/销售合同/产品图片
18	一体化太阳能庭院灯	自主研发	实用新型专利	2014年	形成一体化太阳能庭院灯产品,结构简单、安装简便	专利:ZL201420288115.0/ZL201220408511.3

序号	科技成果名称	取得方式	科技成果类型	转化年度	形成的产品、服务、样品、样机	备注
19	光伏 PID 现象原因分析及改进措施	自主研发	非专利类型	2014 年	形成服务，可通过改变组件制备的选材达到打断 PID 现象产生的路径，实现组件的抗 PID 特性	查新报告，报告编号：201465310712
20	太阳能室内照明灯	自主研发	实用新型专利	2014 年	形成太阳能室内照明灯产品，利用光电转换技术，无须外接电源，既节约了化石能源，又解决了太阳能能源利用问题	专利：ZL201420555490.7
21	太阳能转直流电用转换器	自主研发	实用新型专利	2014 年	形成太阳能转直流电用转换器产品，结构简单，使用方便，便于安装和携带，散热性能好，太阳能转直流电形式多样	专利：ZL201420733839.1
22	带有电池加热装置的太阳能路灯	自主研发	实用新型专利	2014 年	形成产品，电池板角度易调节且电池更换容易，能有效延长电池寿命	专利：ZL201420813731.3

资料来源：蓝晶易碳提供。

第三节　企业信息化建设

当前世界已迈入信息时代，信息化已经融入企业日常生产经营活动。国内一些先进大型企业和中小企业的企业信息化建设起步较早，信息化已经渗透到企业研究与开发、生产、市场经营和售后服务等各个环节。通过利用现代信息技术和设备，建立和健全企业应用系统和网络，促进企业运行管理现代化，实现信息化与工业化的真正融合。

对于中小企业来说，企业信息化可以促使企业结构向"扁平型"组织结构转变，各部门和各层级之间的联系沟通将更加及时、有效，企业对于市场的反应速度也会明显提高。企业信息化还提供了获取市场销售和竞争信息的渠道，可以有效降低企业获取信息的成本。另外，信息技术引导的电子商务的广泛应用为企业和消费者之间建立起密切联系，企业可以及时掌握消费者需求变化，针对性地调整研发工作和生产营销策略。通过计算机辅助设计软件运用，企业还可以更好实现产品创新，提升竞争力。

公司顺应时代变化，紧跟科技潮流，积极开展企业信息化工作。作为一线生产人员占比较高的制造业公司，蓝晶易碳计算机百人拥有量高达32台，并设有内部局域网。内部局域网不仅实现了内部计算机数据库与远程数据终端的链接，还实现了终端执行电脑对下属链接电脑的管理和控制。公司局域网是具有扩展、控制、联系、管理等多重意义的数据信息传导平台，能够减少不必要的开支，增强管理层对企业运行的了解和掌控能力。

除了建设内部局域网，蓝晶易碳还接入互联网，建立了独立域名的foxmail 邮件系统和国际互联网站 http：//www.bluecarbontech.com，以提高工作效率、提升企业形象和加强产品宣传。企业邮箱是企业员工在互联网上的主要标识，承载着企业的身份和标签，是一个企业实力的象征。不仅如此，企业邮箱还可以提升工作效率、加快工作进度，增强企业信息的保密性和稳定性。公司官网是企业进行对外宣传和树立形象的良好平台，蓝晶易碳官网涵盖公司概况、新闻中心、产品展示、应用示范和人才招聘等内容，文字和图片资料的详尽展示使客户可以对公司有更为全面和细致的了解。为解答客户疑问和满足客户购买需求，官网还提供 24 小时在线客服服务和在线商城功能。

同时，蓝晶易碳高度重视电商渠道，在国内较早与阿里巴巴、淘宝等电商平台合作，适时发布新产品信息，建立客户关系，借助这些平台，有效开拓了国内国际市场。

蓝晶易碳对于企业信息化建设的重视，使其在互联网时代逐步调整和完善企业组织形式和业务模式，加强自身对市场快速反应的能力，充分发挥自身优势，提高公司经济效益和企业竞争力，实现效益最大化。

第十章 公司资产与财务管理

作为衡量企业经营效果和成长能力最直观的评价指标，资产与财务管理效果能够清晰反映公司经营运作情况、生产盈利能力和企业成长潜力。根据有关法律法规，企业按照财务管理原则，在一定经营发展目标下对资产购置、资本融通、现金流量和利润分配等进行管理，最终实现资金有效利用，推动企业可持续发展。

第一节 公司资产状况

一、总体情况

1. 资产规模合理增长

公司财务数据显示，截至 2014 财年，蓝晶易碳资产总额约为 17220.1 万元（见图 10-1 左），较 2010 财年资产规模扩大 3.57 倍，尤其在公司初创期资产规模迅速增长，2011 和 2012 两个财年资产总额分别较上年同期增长 51% 和 54.46%。随后，受国内外产业发展环境影响，公司业务及产品转型升级，资产增长速度有所回落，2014 财年资产总额同比增长约 39.19%。图 10-1（右）显示，公司资产规模扩张与总资产增长、销售收入变动趋势基本一致，既不是对资产规模的盲目追求，又满足公司该阶段的发展需求，规模变化较为理性。

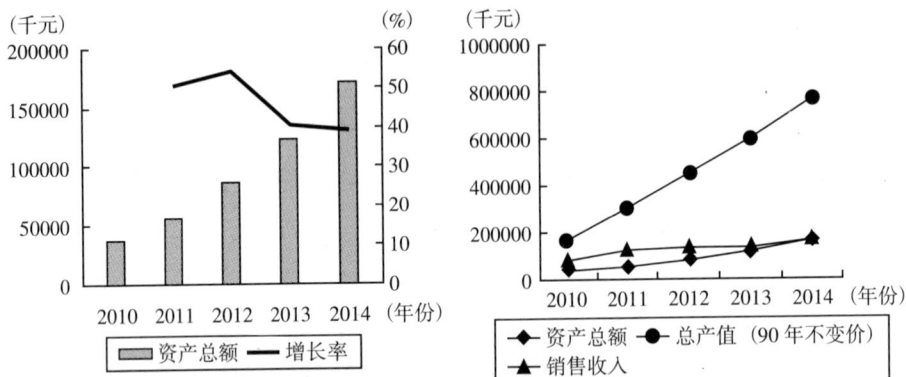

图 10-1 2010~2014 年蓝晶易碳资产规模变化情况

资料来源：蓝晶易碳提供。

2. 财务稳健性良好

将资本运营风险控制在合理区间内，提高财务稳健性，能够有效降低企业经营发展风险、提高资金偿付能力。如图 10-2 所示，2010~2014 年，蓝晶易碳负债逐渐减少，所有者权益伴随总资产扩张不断增长，绝对值略低于资产总额。低负债高所有者权益资产状况，说明随着企业由初创期进入转型发展期，债务负担与资金偿付能力不断增强，企业经营财务风险较小、稳健性良好。但负债持续走低也在一定程度上说明企业运用外来资金能力较弱，未来公司业务网络进一步在国内外铺开对资金使用能力会提出

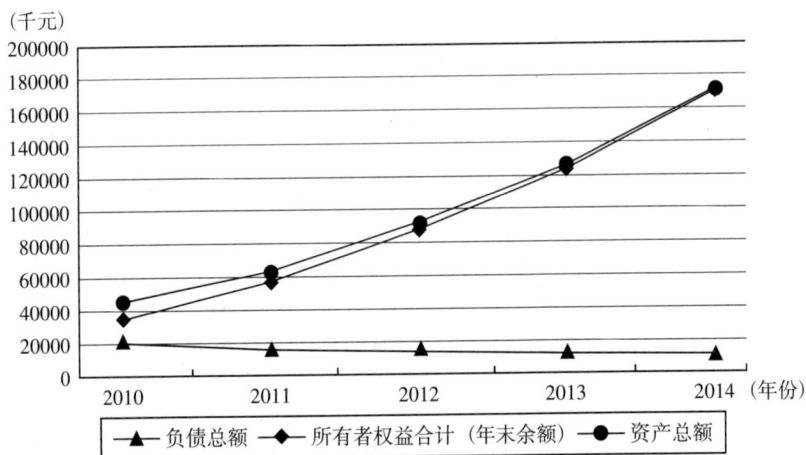

图 10-2 2010~2014 年蓝晶易碳负债、所有者权益

资料来源：蓝晶易碳提供。

更高的要求，合理扩大负债规模、提升外部资金使用能力也是必然要求。

3. 运营管理效率较高

2010~2014 年，蓝晶易碳规模扩大带来固定资产净值逐年增长，按其增速大致可以分为两个阶段（见图 10-3）。2010~2012 年，公司初创期业务结构单一，主要为太阳能系统安装工程，对固定资产需求和更新换代要求较低，企业固定资产增长率逐渐下降。2013 年，公司进入转型发展期，传统太阳能电池板生产销售比重逐步缩减，太阳能照明设备等自主研发、小规模定制生产的产品对新生产线需求增长，企业固定资产增长率较高。值得注意的是，与固定资产净值不断增加、增长率阶段性变化情况不同，企业固定资产折旧率处于中等水平并不断下降。一方面，不断下降的固定资产折旧率说明公司对机器设备的日常运维效率较高；另一方面，公司对产品和市场的前瞻性、异质性布局抢占市场先机，受行业技术更迭影响产生的固定资产折旧率低。

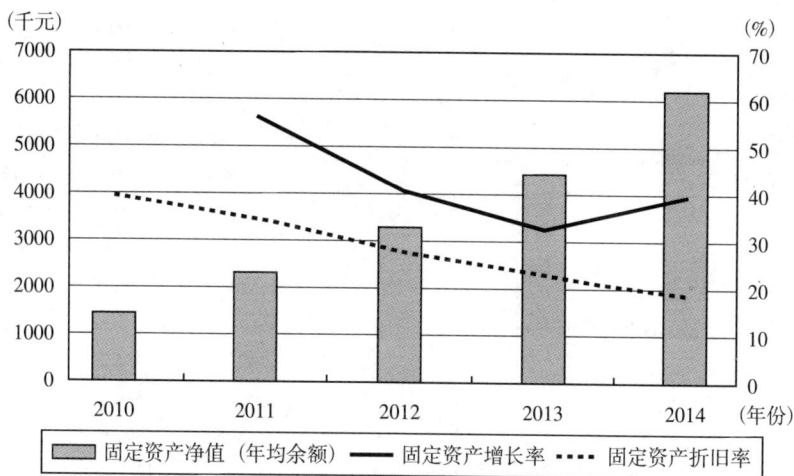

图 10-3　2010~2014 年蓝晶易碳固定资产变化情况

资料来源：蓝晶易碳提供。

值得注意的是，公司 2013 年无形资产实现零的突破，达到 400 万元（见表 10-1）。从会计计量角度看，无形资产主要指公司的专利权、商标权。在专利权方面，公司通过自主研发获得 5 项实用新型专利、通过独占许可获得 3 项实用新型专利、进行科技成果转化 22 项。在商标权方面，公司在产品外贸出口方面坚持自有品牌，Bluecarbontech（BCT）品牌已经成为东南亚第一品牌。无形资产规模扩大反映出公司对专利、商标管理的重视程度，也表明公司技术和品牌的市场认可度逐步提升。

表 10-1　公司基本财务信息

单位：千元

指标		2010 年	2011 年	2012 年	2013 年	2014 年
一、企业规模（合并数据）						
1. 总产值（90 年不变价）		169956	308944	452815	601463	774420
2. 总产值（当年价）		90209	138988	143871	148648	172957
3. 资产总计（年末余额）		37667	56876	87849	123713	172201
4. 企业负债总额		10942	6521	4361	2589	1435
5. 企业无形资产数额					4000	3990
二、企业销售（合并数据）						
1. 销售收入		81270	127512	137020	140234	167920
2. 主要具体产品或服务销售	太阳能电池板	59327	90533	98654	86945	94035
	太阳能路灯	14628	28052	28774	39266	40300
	直流时代	5689	5100	6851	9816	25188
	太阳能小系统	1625	3825	2740	4207	8396
3. 销售成本		49575	84158	76731	75726	87318
4. 销售费用		5283	8033	7536	6310	6548
5. 税前销售利润		26412	35321	52753	58198	74054
6. 销售利润率		32.5	27.7	38.5	41.5	44.1
7. 应收账款		10104	30841	10289	10587	25583
8. 出口交货值（美元）		4171	7094	8547	9661	14026
三、企业效益数据（合并数据）						
1. 利润总额（当年价）		20477	25494	42477	48502	63643
2. 净利润（当年价）		15973	19630	33132	37636	49642
3. 流动资产年均余额		31998	44891	68983	99266	137627
4. 净产值或增加值（当年价）		90209	138988	143871	148648	172957
5. 中间投入合计：						
其中：直接材料消耗总额（当年价）		55749	84644	93516	78783	89937
6. 管理费用		5851	9690	10139	9536	10243
7. 财务费用		7.8	11	2.1	7.8	17
8. 利息支出		8.5	12.2	3.4	8.2	19.2
9. 所得税		4505	5863	9345	10865	14001
10. 其他各种税金合计		24.4	38.2	41.1	42.1	50.4

续表

指标	2010 年	2011 年	2012 年	2013 年	2014 年
四、企业财务数据（合并数据）					
1. 流动资产年均余额	31998	44891	68983	99266	137627
2. 应收账款	10104	30841	10289	10587	25583
3. 存货	8133	5945	14396	10587	21056
4. 当年折旧	1015	1298	1345	1399	1520
5. 固定资产净值（年均余额）	1513	2380	3380	4515	6330
6. 流动负债合计	10942	6521	4361	2589	1435
7. 所有者权益合计（年末余额）	26725	50356	83488	121124	170766
8. 实收资本	5000	5000	5000	5000	5000
9. 盈余公积	1597	3699	3699	3699	3699
10. 未分配利润	24128	41656	74789	112426	162067

资料来源：蓝晶易碳提供。

　　从公司固定资产及其折旧率可以看出，蓝晶易碳的固定资产不断增加，但随着固定资产增加固定资产折旧率却逐年下降（见图 10-4）。由于企业固定资产在一定时间内一般以实物形态存在，并在一个较长时期内发生作用，因此，蓝晶易碳的固定资产不断增加也间接反映出公司有较好的发展潜力和发展能力。同时，资产折旧率不断下降能够说明公司在维护、管理固定资产方面不断改进，减少了公司不必要的资产损失。

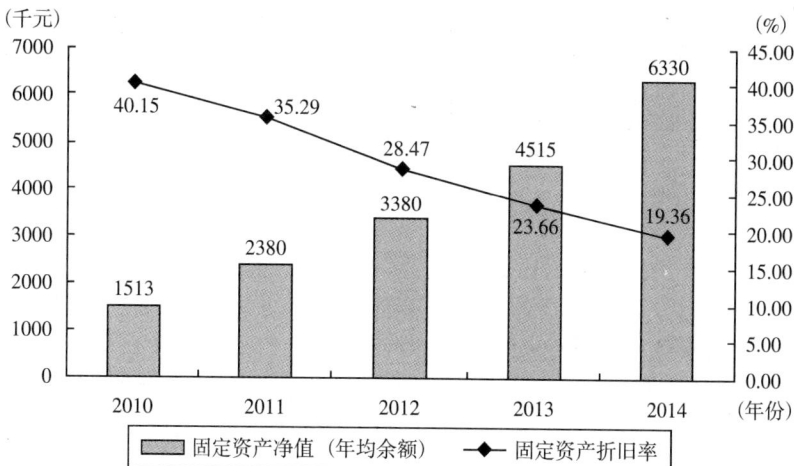

图 10-4　2010~2014 年公司固定资产及其折旧率

资料来源：蓝晶易碳提供。

二、资产结构

企业流动资产、固定资产等遵照一定经营管理目标和所处阶段以一定比例构成企业总资产，资产结构的分配及其变化反映了公司过去一段时间经营成果的好坏、运营风险偏好，为管理者、股东及债权人提供未来投资管理决策的重要依据。

1. 保守型风险偏好显著

根据公司财务信息（见表10-1），蓝晶易碳流动资产在总资产中占比约80%，最高值达84.95%（2010年），最低值为78.52%（2012年），流动资产比率始终处于较高水平，公司资产管理的保守型风险偏好显著（见图10-5）。

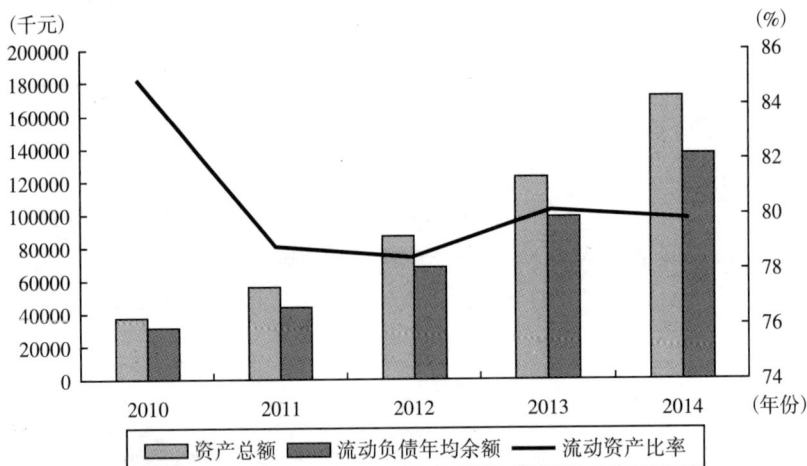

图10-5 2010~2014年蓝晶易碳流动资产变化情况

资料来源：蓝晶易碳提供。

横向来看，较为显著的保守型资产管理风险偏好真实反映了蓝晶易碳初创期和转型发展期对企业资金变现能力和偿债能力的较高需求。适应公司扩张规模的需要，2013年，流动资产比率小幅升高也是受公司战略转型需要的影响。从行业内部比较来看，2013~2015年，除个别年份，全球领先光伏企业流动资产比率水平基本在50%左右（见表10-2），资产结构风险偏好属于中庸型，行业内多数公司资产配置和管理风险偏好都在资产规模和公司收益之间寻求更加稳定的均衡点。

表 10-2 全球领先光伏企业流动资产比率

单位：%

企业	国家（地区）	2013 年	2014 年	2015 年
First Soler	美国	55.1	47.45	45.73
阿特斯	中国	70.07	75.36	51.26
天合光能	中国	59.27	55.42	55.15
保利协鑫	中国	36.61	38.13	41.48
晶科能源	中国	50.35	54.52	53.77
韩华新能源	韩国	44.71	47.73	61.66
Sunpower Corp	美国	56.13	55.15	—
英利绿色能源	中国	41.37	41.77	47.64
蓝晶易碳	中国	80.24	79.92	—

资料来源：蓝晶易碳数据由该公司提供，其他企业数据来自 Wind 资讯。

2. 资金变现能力和偿债能力较好，财务杠杆使用不足

企业资产管理的重要目标之一就是在充分利用企业自有资金、外部融资前提下，尽可能降低财务风险。现代企业经营管理要根据企业发展阶段及其需求合理分配、适时调整资产负债率。从图 10-6 可以看出，蓝晶易碳属于典型的低负债型企业，对资金风险偏好极低。2014 年公司资产负债率低于 1%，一方面意味着资金变现能力和偿债能力良好；另一方面也显示出企业财务杠杆使用不充分。随着企业不断深挖和拓展国内、国外农村市场，渠道拓展、网店铺设、生产能力扩张会产生更大的资金需求，仅仅依靠公司现有资产难以满足需求。合理扩大财务杠杆比率，有效利用企

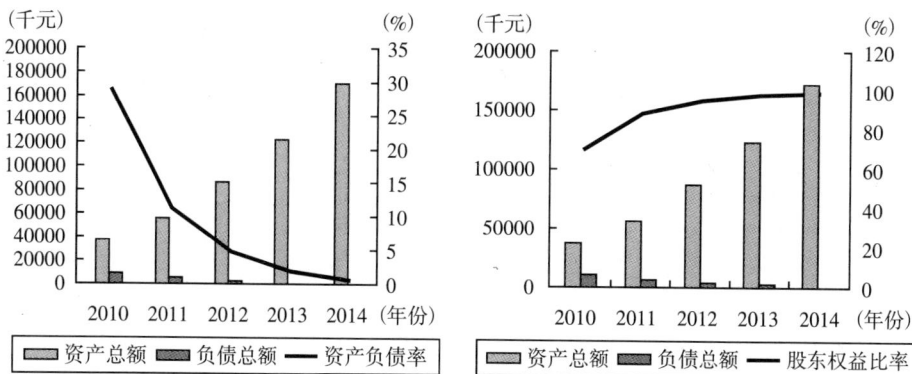

图 10-6 企业资产负债率和蓝晶易碳股东权益比率相关指标

资料来源：蓝晶易碳提供。

业外融资会给公司带来更大发展空间。

股东权益比率也是衡量企业财务杠杆使用效果的重要指标。高股东权益比率为公司股东带来稳健的投资回报，降低股东投资风险，但股东权益比率过高也反映了公司对资本风险控制能力较弱。2010~2014 年，蓝晶易碳股东权益比率始终处于较高水平，2014 年达到 99.17%，公司基本没有负债，对风险水平控制过于谨慎。负债水平过低，企业经营风险全部由股东承担，而收缩股东权益比率，引进外部借债资本扩大企业运营规模，既丰富公司资金来源、扩大融资渠道，也能够在经济下行压力较大、贷款利率较低的大环境下转移一部分企业运营风险，维护股东权益。

第二节　经营业绩

对企业经营业绩的考察，能够直观、迅速反映公司经营成果，并据此对未来发展趋势和潜力做出判断，对经营管理方法和战略布局做出相应调整。经营业绩分析方法主要包括三种，即五力分析法、杜邦分析法和趋势分析法。蓝晶易碳是一家非上市民营企业，股权结构简单，本节将利用现有财务信息选取能够反映企业现状、盈利能力、成长潜力等方面的指标进行综合分析，并对企业经营现状和经营潜力做出基本判断。

一、生产能力

随着产品转型升级、销售渠道扩展，企业销售收入逐年增长，企业生产能力不断增强。蓝晶易碳现有 3 个生产基地，4 家国内销售公司和 7 家境外销售机构。2014 年，公司总产值 1.73 亿元（本节均采用当年价计算），同比增长 16.35%，企业生产能力逐年提高。

如图 10-7 所示，企业总产值与销售收入变动趋势基本一致，总产值增长率略低于销售收入增长率，总产值增长率变动受发展阶段、业务结构转型影响显著。2011~2013 年，公司 60% 以上的销售收入来自太阳能电池板，受这一时期国内外市场环境影响，销售增长压力较大，企业销售增长率持续走低。2014 年，公司利用专利成果转化优势，结合国内外市场实地调研结果，有针对性地对终端用户需求产品进行小规模定制化生产，优化原有产品销售结构，企业总产值和销售收入增长率得到有效提升。另外，2013 年和 2014 年，公司拥有包括商标、专利在内的无形资产约 400 万元，企业潜在生产力仍有较大上升空间。

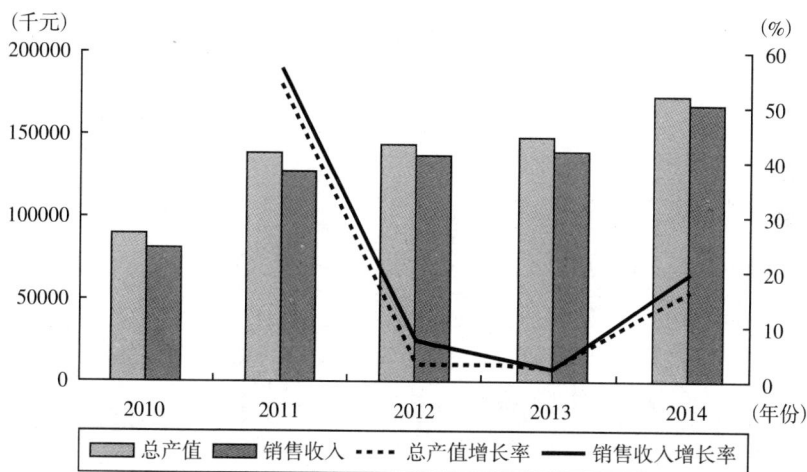

图 10-7 2010~2014 年蓝晶易碳总产值及销售收入变动情况

资料来源：蓝晶易碳提供。

二、盈利能力

公司盈利能力在财务报表中直接反映为销售收入和利润率水平，是产品结构、经营策略和市场定位等综合管理能力的体现。2011~2014 年，蓝晶易碳利润总额、净利润与销售收入、销售利润率逐渐增长，变化趋势基本一致（见图 10-8），产品销售结构与目标市场需求选择合理，成本及费用管控能力较强。

2010~2014 年，蓝晶易碳销售收入持续增长，2011 年突破 1 亿元；销售利润率稳中有升，最低值为 27%，总体水平略高于同行业领先企业。2012 年，面对国际主要光伏市场国家对我国光伏组件大规模"双反"、国内市场产品同质化竞争激烈的双重压力，公司及时调整产品结构，提高太阳能路灯、直流时代等离网光伏产品在公司销售产品中的比重，销售利润率增长态势稳定。

2012~2014 年，公司在国内外市场双重压力下实现收入和利润的稳定增长，但净利润增长率出现较大波动。2013 年，公司净利润同比增长率大幅回落至 13.59%，较 2012 年 68.78%增幅下降约 55 个百分点。通过产品结构和市场定位的调整，2014 年，公司净利润同比增长 31.90%，实际净利润较 2013 年增加 1200 万元，公司整体盈利水平向好，应对外部市场波动和风险能力较强。

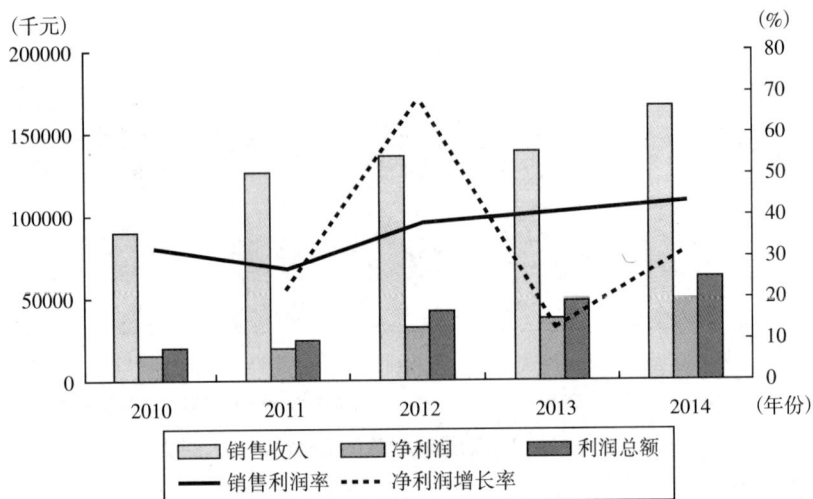

图 10-8 2010~2014 年蓝晶易碳销售收入及利润变动情况

资料来源：蓝晶易碳提供。

三、经营及管理费用

公司运营除了扩大销售规模、增加销售收入，做好"开源"，同时要具备控制内部经营管理成本的"节流"能力，实现开源与节流之间的合理分配。一般地，公司经营管理成本包括销售成本、管理费用、财务费用、利息支出和各种税金，科学安排和管理生产流程、组织效率能够有效控制内部成本，进一步提高企业利润水平。从 2010~2014 年公司各项经营管理费用支出可以看出，蓝晶易碳在成本管控上一直较为严格，公司销售费用、管理费用、财务费用、利息支出一直处于较低水平。在销售收入不断增长的前提下，对销售成本实现了科学合理的管理，销售成本支出水平稳定（见图 10-9）。

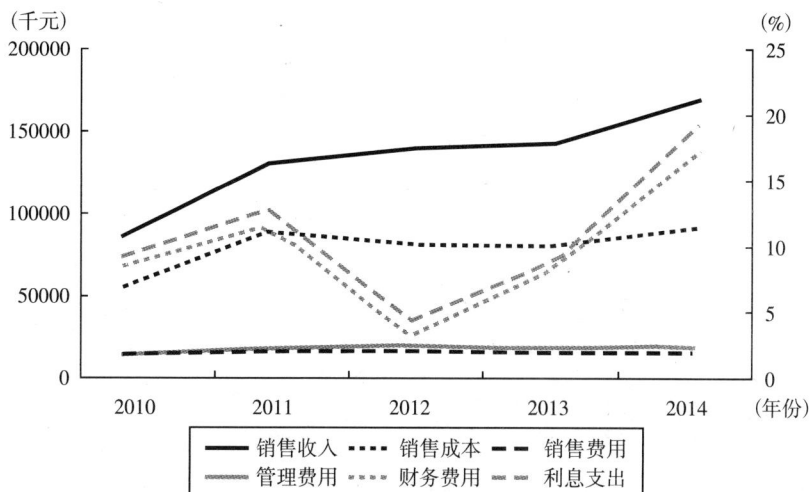

图 10-9　2010~2014 年蓝晶易碳经营管理费用支出情况

资料来源：蓝晶易碳提供。

　　蓝晶易碳能够实现有效"开源节流"，维持较低经营管理成本主要得益于以下两个方面：一是公司市场调研小组由"高层领导＋技术人员＋销售人员"组成，决策效率高，减少反复调研增加的财务费用支出。二是公司立足于产品小规模定制化生产，国内市场利用省邮政网店，国外市场采取"唐店"模式，减少中间商在产品销售环节中的异化，有效降低销售成本和销售费用。

第三节　财务制度

　　公司资本及财务环节的有效管理，需要科学系统的财务管理制度和专业的财务管理团队。经验丰富、基础扎实的财务管理团队能够有效使用企业运营资本、科学管理和审批各项费用支出，保障企业财务资产安全，为企业经营发展提供可靠的资金支持和保障。

一、财务人员结构及管理制度

专业的财务管理团队是公司财务管理的基本保障。蓝晶易碳财务部由

6 名专业人员构成，均具有专业财务背景，了解与公司业务相关的财务法律法规以及公司财务工作流程。公司财务部人员构成基本情况见表 10-3。

表 10-3 公司财务部员工基本情况

序号	学历	专业	入职时间
财务 1	大专	会计学	2013 年 3 月 7 日
财务 2	本科	会计学	2014 年 9 月 12 日
财务 3	本科	会计学	2014 年 3 月 9 日
财务 4	本科	财务管理	2014 年 12 月 9 日
财务 5	本科	财务管理	2014 年 9 月 11 日
财务 6	本科	会计学	2014 年 9 月 18 日

资料来源：蓝晶易碳提供。

由于涉及公司所有账务的往来、支付，企业必须制定实施一整套符合相关法律规定、符合公司具体运营流程的管理制度，以规范公司全体员工特别是财务工作人员的行为。

财务管理制度的主要功能是保持良好的资本结构和较高的资本增长速度，稳健理财，使企业的投资产生效益，尽可能充实企业资本：一是对生产和销售的效率和效益进行明细总结，制定明确的指标，并对此进行有效改善，按计划或超额完成指标。二是数据对比，对成本提出明确的指标。对相关部门，如业务费用（报关费、拖柜费、港务费等）、仓库储备、材料采购、行政费用、损耗折旧等管理费用进行预算并严格监督。三是对企业后续投资、扩张、成本积累进行的市场分析，扩大经营，使再生产过程最大化。蓝晶易碳的财务管理制度主要包括工作职责、工作内容、对其他部门的监管三方面内容。

1. 工作职责

● 对公司会计体系的有效性负责。

● 编制各类财务报表，并对提交报表的准确性和及时性负责。

● 对其他财务信息（比如预算管理、额度管理、行政管理）的真实性、完整性和公允性负责。

2. 工作内容

● 制订并提交本部门年度工作计划、人员计划，负责对本部门员工的考评、培训指导，人才选拔。

● 拟订公司财务管理、会计核算等有关管理制度。

● 预测、落实公司资金的统筹与收付。

● 日常凭证审核、财务印章管理，组织公司核算及对外财务信息披露（比如对银行、工商、税务等机构）。

● 负责财务分析，财务预、决算及提出财务解决方案。

● 协调与会计事务所、财政、税务等部门的关系，对税务统筹工作提出建议。

● 组织公司财务报表审计以及验资等专项事务。

● 组织公司财务系统的各类岗位培训、技能培训工作。

● 参与公司投资项目、财务论坛及合同有关财务条款的审核。

● 指导对外投资企业的会计核算、财务分析管理等工作。

3. 财务对其他部门的监管

（1）采购监管。

● 把握材料成品与报废比例，监督采购部预算本次材料用量。

● 配合采购部对采购材料因质量、规格等不良现象需要退货，迅速办理退货手续，及时扣取相应款项。

● 货款结算政策上，为维护自己利益，禁止采购部直接办理现金支付事宜，避开即时结付交易办法，尽量延长付款时间。

● 财务部对市场信息也应有掌握。市场有异常波动时，可联系供应商了解材料价格、供货能力以及材料未来的走势。

● 任何部门需要采购，必须要求对方有总经理签字的书面申请单或者"采购单"，才允许采购相应物料。

● 财务部要求采购部每日核对各供应商账目状况，以及库存材料状况。

（2）仓存储备监管。

● 监督生产车间、外协单位进行严格的补料控制：凡是对补料达到2%以上的，执行"多补多扣"原则，并在结汇中实施制裁。

● 监督仓管部每月盘点一次，让盘点后的库存数据清晰透明。

● 每日检查仓库收、发货状况。

（3）费用支出监管。

● 财务部门对社交费、旅差费、运输费、办公用品、行政费用要有精确预算、规范的制度，同时执行监督。

● 对基建投资、装潢修理、设备损耗、机器及车辆折旧和维修、工伤事故等，做损益报告，并限制这些项目不超过预算范围。

● 对生产现场以及生活区域内的水、电、汽、油等费用进行预算，并监管有关人员制定措施，严格控制。

（4）销售及产品管理的监管。

● 要求业务部在每批订单下达时，做"订单审核表"备案。

● 报关费、拖柜费、港务费、信件等费用要与年、季、月销售额对比。

● 在成品完成缴库和出柜时，要求仓管人员对进仓成品综合统计，并要求仓管人员对每次出柜的成品数量、时间、客户及地区等相关信息提供明细资料。

二、财务部考核制度

蓝晶易碳财务部考核制度包括考核目的、考核基本原则、考核内容及标准、考核计分办法四个环节。

1. 考核目的

为了进一步规范会计核算工作，提高会计核算工作质量，提升服务水平，须建立会计核算工作业绩量化考核机制，制定考核细则。

2. 考核基本原则

● 量化原则。考核细则对会计核算质量考核尽可能采取量化评估体系，具有较强的可操作性。

● 客观原则。考核细则以客观事实为依据，本着客观公正原则对会计核算质量进行考核。

3. 考核内容及标准

对会计核算质量的考核主要从真实性、合法性、规范性、完整性和及时性五个方面进行。具体考核内容及标准如下：

（1）真实性。

● 真实性指会计核算以公司实际发生经济业务为依据，客观、真实、准确地记录、反映收支情况及结果；不漏记、错记或重记经济业务内容，金额记录正确。

● 评分标准：故意弄虚作假的每发现1次，减1分；对经济业务内容每漏记1项，减3分；经济业务每发现记错1项，减2分；对经济业务重复记录每发现1项，减2分。

（2）合法性。

● 合法性指票据合法，没有使用废止、缺少印章、超金额等违反税务规定的票据；记载的经济业务符合相关规定。

● 评分标准：票据上应当填写的项目未填全的，减3分；票据上的印章使用不规范的，减1分；记录的经济业务每有1项不符合规定内容的，减1分。

（3）规范性。

● 规范性指依据相关会计制度规定进行会计核算，正确运用会计科目；账务调整有依据，错账更正方法正确，记账凭证摘要填写规范，其经济业务数量、单价、金额对应关系准确；账账、账卡、账证勾稽关系正确，数字相符。

● 评分标准：每发现1处计算错误，减1分；错账更正每有1处不符合规范，减1分；记账凭证填写不规范每发现1处，减1分；每发现1处业务数量、单价、金额关系不对应，减2分；账务核算"账账、账据、账实、账表、内外账"有1处不符的，减2分；每发现1处勾稽关系不符，减2分。

（4）完整性。

● 完整性指报销凭证手续完备，所附单据经济业务内容完整、票据齐全。

● 评分标准：报销凭证手续不完备的，减1分/次；所附单据内容不完整或票据不齐全，一处减1分。

（5）及时性。

● 及时性指能及时办理会计手续，进行会计业务核算。

● 评分标准：未及时办理会计核算业务造成严重影响每有1次，减5分。

4.考核计分办法

考核采用评分办法，总分为100分。考核内容分值分配为真实性25分、合法性25分、规范性20分、完整性15分、及时性15分。按上述考核内容和标准进行考核，未达到标准要求的按评分标准减分，有多次减分的，减完该项为止，不计负分。

第十一章　国际化经营

　　蓝晶易碳主营业务集中在光伏产业链中下游，产品主要是太阳能电池板、LED 设备等。从我国光伏产业发展情况来看，光伏组件及相关光伏产品销售基本依赖海外市场。据中国光伏行业协会统计，近年来，我国 60% 左右的光伏组件都需要出口，出口国主要集中在日本、美国和欧盟地区。蓝晶易碳的国际化战略定位策略性地避开了竞争较激励的发达国家市场，选择太阳能资源丰富、经济欠发达、对用电需求迫切的地区为产品出口和品牌运作的主攻市场，将东南亚、南亚、非洲、中南美洲等欠发达地区作为企业国际化发展的着力点。这种国际化发展定位和模式与企业国内市场开发形成了很好的呼应和互动，成为蓝晶易碳最具特色的经营策略，为战略性新兴产业领域中小企业"走出去"探索出一条差别化的道路。

第一节　出口情况与市场分布

一、中国光伏产品出口总体情况

　　光伏产业是对技术水平要求较高、国际市场变化反应迅速的战略性新兴产业。凭借快速扩张的投资和相对较低的综合成本，中国在光伏产品终端产品制造环节的市场能力快速扩张，在较短时间内成为光伏组件出口大国。联合国贸易数据库的统计数据显示，2010~2014 年，我国出口的海关编码在 HS854140 目录下太阳能光伏相关产品贸易额分别为 19389039015 美元、15759175550 美元、17483232531 美元、27946187160 美元、25178622946 美元，年增幅分别为 23.03%、-9.86%、-37.44%、10.99% 和 134.85%（见图

11-1）。2010~2012 年，受欧美等国家和地区的大规模光伏"双反"影响，我国光伏产品出口额出现了大幅下滑，2013 年开始我国光伏产品出口表现出较为明显的复苏。

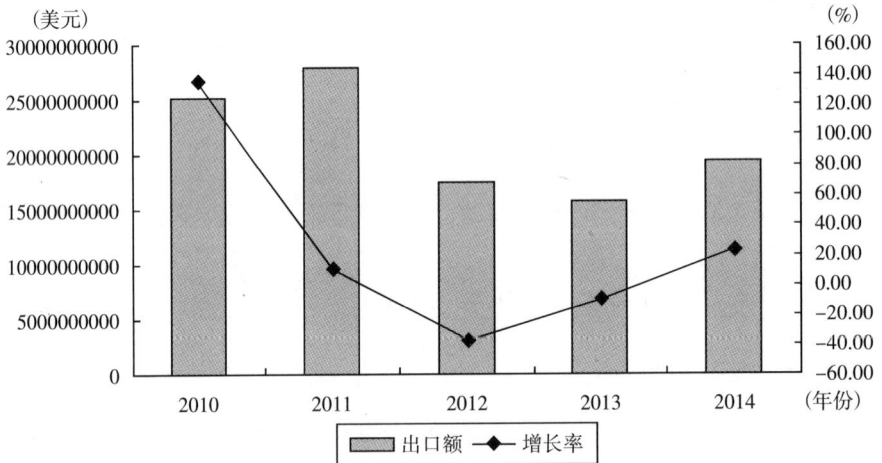

图 11-1　2010~2014 年中国太阳能光伏相关产品出口贸易额及增长率
资料来源：联合国贸易数据库 UN Comtrade Database。

　　另外，从我国光伏产品出口结构看，近 5 年来我国光伏产品出口布局情况出现了显著变化。以出口德国和日本的光伏产品贸易额变化为例，2010~2014 年，我国光伏产品对日出口贸易额分别为 467235951 美元、641742481 美元、1181206626 美元、3241661330 美元、5092082884 美元；对德出口贸易额分别为 7637071522 美元、5678301004 美元、2076236630 美元、538127578 美元、284643621 美元（见图 11-2）。从贸易额变化可以看出，我国光伏产品对日出口贸易额呈现较快增长态势，对德贸易额呈现幅度较大的下降趋势。这一变化趋势实质上侧面反映了我国光伏产品对新兴光伏市场和传统光伏市场出口依赖程度在结构上的转变。由于传统光伏市场对我国光伏产品越来越激烈的"双反"，我国光伏产品的主要出口市场逐渐向亚洲、非洲等新兴光伏市场转移。

（美元）

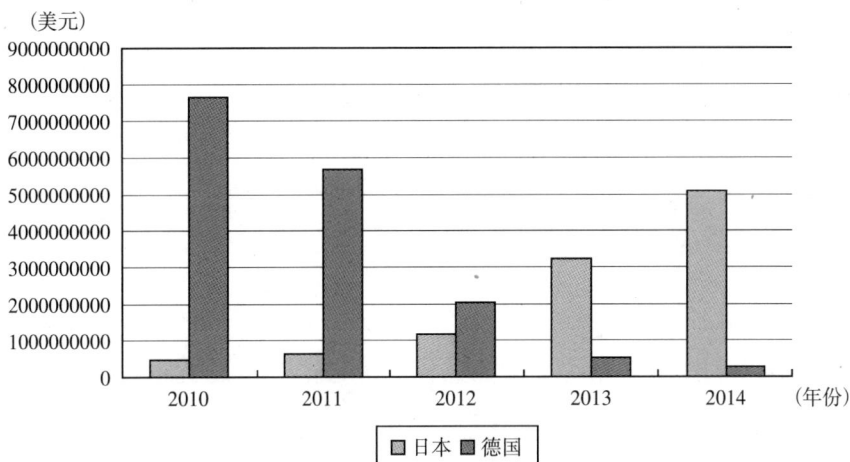

图 11-2　2010~2014 年中国对日本、德国光伏产品出口贸易额

资料来源：联合国贸易数据库 UN Comtrade Database。

二、蓝晶易碳海外市场分布

1. 出口增长较快，海外市场依存度提高

蓝晶易碳现主要产品包括太阳能电池板、太阳能路灯、直流时代和太阳能小系统，其中离网照明和发电产品使用时间和空间灵活，发电照明成本较低，不需要铺设供电网线，在离网光伏领域中得到广泛应用。针对产品特性，公司在海外市场布局过程中独辟蹊径，选择光照资源丰富、电力供求矛盾突出、新网线架设成本较高的非洲和东南亚国家。随着海外市场的进一步拓展，海外销售额在公司销售总收入中的贡献率也逐年提升，2014 年首次超过国内市场产品销售额，占总销售收入的比重达到 51.12%（见表 11-1）。

表 11-1　蓝晶易碳主要产品海外销售情况

单位：千元

国家或地区	2012 年	2013 年	2014 年
印度	14805.94	19169.77885	30310.35258
孟加拉	16163.73	16943.07637	19554.51260
沙特阿拉伯	8617.41	5288.41924	11030.53072
缅甸	6296.72	5116.67895	9081.94680
美国	2650.68	4086.23673	5923.00885
英国	1676.96	2724.15787	3948.67261

续表

国家或地区	2012 年	2013 年	2014 年
巴基斯坦	1585.00	2428.05379	2661.06201
马里	1000.77	2280.00177	2446.46026
其他国家和地区	1298.29	1184.41636	884.15933
海外市场销售收入贡献率	39.48%	42.23%	51.12%

资料来源：蓝晶易碳提供。

蓝晶易碳主营业务及产品集中于光伏产业链下游，对海外市场依存度较高，年产值中 30%以上为出口产品，2015 年这一比重达到 51.31%（见图 11-3）。

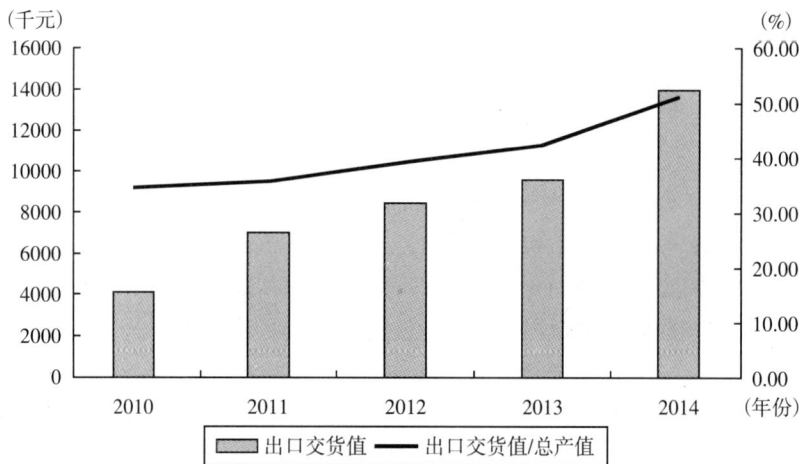

图 11-3 蓝晶易碳出口交货情况

资料来源：蓝晶易碳提供。

2. 采取市场多元化策略，不断优化海外市场布局

除了部分产品出口英国、美国，公司产品海外销售市场集中分布在非洲和东南亚国家。目前，公司最大的海外市场分别为印度、孟加拉，两国年销售收入之和占公司海外销售收入一半以上，占公司年销售总收入 20%以上。根据国际光伏产业发展态势，可以将蓝晶易碳产品主要出口市场大致分为三类：一是以美国和英国为代表的传统光伏市场国家。2012~2014年，公司在英美两国主要产品销售额增速平缓，在公司海外总销售额中占比较小，约为 5%。英美两国为代表的传统光伏市场国家近年来多次对我

国光伏出口产品发起大规模"双反"，海外市场销售势必遭受遏制和影响。同时，传统光伏市场国家政府不断加大对本国光伏产业市场化改革力度，下调相关上网电价补贴和政策补贴，导致发达国家市场主动扩容动力不足，需求紧缩，对公司海外市场布局影响力持续下降。二是以印度、孟加拉为代表的新兴光伏市场国家。2014年，公司在印度和孟加拉两国产品销售额分别占公司海外销售额的35.31%和25.78%，两国市场销售额贡献度超过50%。其中，印度市场2014年销售额同比增长58%，销售收入出现爆发式增长，当年印度新增光伏装机容量约3.1GW，同比增长285%。2015年，印度新增光伏5.1GW光伏装机量，首次进入全球光伏市场国家前五位。据EPIA、OFweek等多家权威机构预计，印度、孟加拉等国将有可能成为下一个年新增光伏装机容量超过10GW的国家，其中印度有望达到20GW，光伏产品市场需求空间有望持续爆发式增长。因此，公司在这类新兴光伏市场国家销售网络应持续推进，主动把握市场机遇。三是以缅甸、巴基斯坦、马里为代表的其他潜在市场国家。公司在上述三国主要产品销售额在海外总销售收入中占比约为30%，对公司海外销售业绩有一定影响。这些国家太阳能资源丰富但电力供求矛盾较大，政治经济发展环境不稳定，铺设电网成本相对较高。蓝晶易碳研发生产的离网照明、发电设备能够适应此类地区终端用户需求，市场需求潜力较大。

第二节　国际化经营战略

公司国际化战略由战略定位和海外市场推广方式两部分构成，企业结合自身优势，通过战略定位确定目标市场、目标人群，再选择恰当的推广方式开辟海外销售渠道销售产品。

一、海外战略定位

公司战略定位，需要综合考量自身技术特点、发展现状、成长潜力，结合对市场前景的把握和判断，提出适合企业发展的中长期目标。蓝晶易碳管理团队结合公司在海外市场遇到的阻碍和问题，对不同类型市场前景的判断，目标市场确定为非洲、东南亚农村地区，目标用户为当地普通居民。

目前蓝晶易碳已经进入的海外市场国家主要可分为三类，而其中新兴光伏市场国家和其他潜在市场国家广大农村地区太阳能光伏市场发展潜力较大，是重要的潜在海外销售市场，也是公司国际化经营的主战场。值得注意的是，现阶段国内外领先光伏企业特别是大企业在东南亚、非洲国家和地区的战略布局较少，国内同业企业的竞争触角尚少有延伸至蓝晶易碳集中精力布局和经营的欠发达地区市场，这为公司抢占市场先机、提前铺设销售渠道、建设产品销售网络创造了有利条件。经过几年的快速扩张，蓝晶易碳国际化战略定位的调整取得了阶段性积极成效。

通过深入海外农村市场开展实地调研，蓝晶易碳进一步推进"脚踩两个农村"发展战略，加快向东南亚、非洲、南美等扩展。实践表明，这些地区特别是东南亚和南亚地区的印度、巴基斯坦、孟加拉、柬埔寨、老挝、缅甸等国家和地区常年气温较高，普遍基础设施（电网）建设滞后，广大消费者对价格适中，性能稳定，能够提供照明、制冷、通信等基本功能的离网产品需求迫切，蓝晶易碳产品很好地满足了这些国家和地区的这部分需求，促进了广大发展中国家农村居民消费升级。同时，利用战略先发优势向目标市场销售质量优良、符合终端用户真实需求的产品，并建立完善售后服务，为公司建立和维系了一批忠实的海外用户。目前，Blue-carbon 已成为当地最具影响力的光伏产品品牌，极大提升了企业品牌的海外知名度。

更为值得强调的是，在向欠发达地区输出离网光伏产品和服务过程中，蓝晶易碳公司有力践行了其作为高技术中小企业发展理念和社会责任。实际上，在亚洲和非洲很多落后地区，照明和通信仍不普及。蓝晶易碳为孟加拉、缅甸、柬埔寨等国家和地区免费安装的太阳能路灯、提供的太阳能手电筒等产品（见图11-4），为当地居民的夜晚第一次带来了光明，为其提供了接入现代化生活的产品渠道，有效扩大了"中国制造"的国际影响力，实现了企业经营业绩、品牌美誉度和社会效益的"三赢"。

二、国际化经营方式

制造业企业海外销售模式主要有海外投资建厂直接生产销售和选择当地经销商分销两种。蓝晶易碳正处于初步发展阶段，海外直接建厂销售对公司现金流、融资能力和偿债能力挑战极高，甚至可能影响企业生产运

图 11-4　公司为孟加拉等国家当地居民提供太阳能路灯产品和设备
资料来源：蓝晶易碳提供。

营，而选择经销商分销从中长期发展来看有可能一定程度损害企业和终端消费者两方的利益。因此，蓝晶易碳独创性的采用唐店海外销售模式，将传统购销模式与 FT（Factory to Town）模式结合。两种方式各有优点，相互补充，共同推进公司海外业务顺利展开。同时，高度重视海外展览会、博览会等传统渠道，积极到海外参展布展，不断扩宽市场渠道，提升品牌影响力。

1. 适度保留传统分销商

在传统购销模式下，海外销售环节由当地分销商全权负责，公司只提供产品。从长期来看，这种购销模式虽然对企业和消费者有一定损害，但有利于迅速将企业产品和服务推向海外目标市场，前期渠道铺设费、人力资本投入较少。因此，蓝晶易碳在政治经济环境较复杂、进入壁垒较高、经销商相对强势的海外市场适度保留这种销售模式，利用当地经销商获取销售渠道和用户需求信息。截至 2014 年，公司海外运营中采取传统购销模式的国家和地区主要有孟加拉、也门、沙特阿拉伯、坦桑尼亚、英国、巴基斯坦等。为了最终实现海外市场自主推广销售，摆脱当地分销商异化，公司在适度保留传统分销商前提下对这部分分销商制定严格的筛选标准，选择资质优良的中线分销商。通过检验筛选，蓝晶易碳对海外分销商进行评级，并授予产品代理销售权（见图 11-5）。

Shenzhen Toby Technology Co., Ltd.

TOBY

10/F., A Block, Jiada R & D Bldg., No.5 Songpingshan Road, Science & Technology Park, Nanshan District, Shenzhen, China

DECLARATION OF CONFORMITY

No.: TB09126786

Applicant	:	Blue Carbon Technology Inc.
Address	:	No.18, Technology Innovation Center, High-tech Zone, Rizhao City, China
Manufacturer	:	Blue Carbon Technology Inc.
Address	:	No.18, Technology Innovation Center, High-tech Zone, Rizhao City, China
Product	:	Solar Module
Models	:	BCT2-6, BCT2M-6, BCT5-12, BCT5M-12, BCT10-12, BCT10M-12, BCT20-12, BCT20M-12, BCT30-12, BCT30M-12, BCT40-12, BCT40M-12, BCT50-12, BCT50M-12, BCT55-5, BCT55M-5, BCT60-12, BCT60M-12, BCT70-12, BCT70M-12, BCT80-12, BCT80M-12, BCT90-12, BCT90M-12, BCT100-12, BCT100M-12, BCT110-12, BCT110M-12, BCT120-12, BCT120M-12, BCT130-24, BCT130M-24, BCT140-24, BCT140M-24, BCT150-24, BCT150M-24, BCT160-24, BCT160M-24, BCT170-24, BCT170M-24, BCT180-24, BCT180M-24, BCT190-24, BCT190M-24, BCT200-24, BCT200M-24, BCT210-24, BCT210M-24, BCT220-24, BCT220M-24, BCT230-24, BCT230M-24, BCT240-24, BCT240M-24, BCT250-24, BCT250M-24, BCT260-24, BCT260M-24, BCT270-24, BCT270M-24, BCT280-24, BCT280M-24

LVD Test Standard:

IEC 61215:2005.

The EUT described above has been tested by us with the listed standards and found in compliance with the LVD Directive 2006/95/EC-Council Directive Amending Directives. It is possible to use CE marking to demonstrate the compliance with this LVD Directives. The certificate applies to the tested sample above mentioned only and shall not imply an assessment of the whole production. It is only valid in connection with the: TB-LVD095950.

CE

SHENZHEN TOBY TECHNOLOGY CO., LTD.

Justin Zhang
Manager
Dec. 04, 2009

FC

图 11–5　蓝晶易碳海外经销授权书

2. 独创“唐店”海外销售模式

经公司领导团队实地调研，结合整体海外运营战略目标，蓝晶易碳在海外市场销售中创新提出“唐店”模式。唐店模式完全脱离海外经销环节，将公司产品销售直接对接到海外终端用户手中，从根本上解决分销商对企业和消费者异化问题。该模式通过手机微信下单、预订式销售，同时企业在每个海外目标乡镇市场建立一个 4R 店，最终实现 F2T，即 Factor to Town。

唐店模式 4R 店主要有四个方面的功能，分别为产品预定、销售和送货（Reservation），产品维护和更换（Repair），产品租赁（Rent），用户新需求的收集（Redesign）。每一个海外唐店会获得授权牌，公司通过授权经营方式统一规范唐店销售商，避免唐店沦为新形式的经销商。每一个海外唐店都会进行统一配置，包括硬件设施、销售设备以及销售产品，产品必须采用蓝晶易碳统一定价销售，所得销售利润由蓝晶易碳、海外国中心库、店主合理分配，具体分配比例在公司"唐店行动"相关规划中有明确规定。

唐店模式从真正意义上取消了经销商中间加价，公司拥有了稳定的海外销售渠道和可靠的用户信息来源，为产品品质提供强有力保障。公司海外目标市场现在已全面推广唐店模式，若这种模式成功建立并且稳定性良好，将会对终端消费者和生产厂商产生重要意义。

3. 积极参加各类展会，加大海外营销力度

着力打造唐店、开展海外营销模式创新的同时，蓝晶易碳高度重视综合性和专业性展会对于中小企业海外市场开拓的重要作用，充分利用这些传统营销渠道，积极参展布展，织密海外营销网络。一方面，鉴于企业海外市场布局和客户定位，蓝晶易碳坚持参加广交会等传统展会，在会上与来自非洲、东南亚等国家和地区的客商广泛接触，展示主打产品和技术能力（见图 11-6）；另一方面，在政府提供的信息和资金支持下，积极走出去，到海外特别是主要市场参加各类展览会，宣传自有品牌，收集行业发展信息，了解市场动态，发掘潜在供应商和客货。2015 年以来，蓝晶易碳先后到印度、缅甸、马来西亚、印度尼西亚、泰国等国家密集布展，参加能源展会、光亚展、LED 展等多项专业展会，获得了良好效果，为拓展海外营销网络、提升国际化经营能力积累了丰富的经验（见图 11-7）。

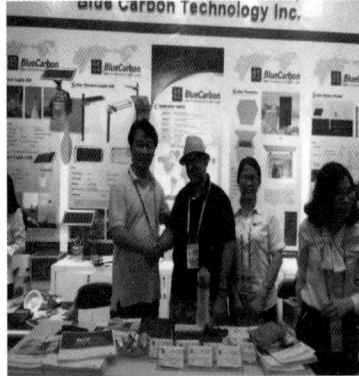

图 11-6　蓝晶易碳参加 2015 年秋季广交会和 2016 年春季广交会

资料来源：蓝晶易碳提供。

图 11-7　蓝晶易碳海外参展布展情况

资料来源：蓝晶易碳提供。

第三节 国际化发展面临的主要问题

随着公司海外市场布局不断完善，产品海外销售额在公司总销售额中的贡献度不断攀升，出口交货值占总产值比重持续增加，海外市场对公司经营发展中的战略意义日益加深。与此同时，公司海外市场扩张过程中面临诸多困难和问题，集中表现在两个方面，一是主要光伏市场对华光伏"双反"，二是海外经销商异化。

一、海外市场光伏"双反"

蓝晶易碳主营业务及产品集中于光伏产业链下游，对海外市场依存度较高，年产值中 30% 以上为出口产品，2015 年这一比重达到 51.31%。随着海外市场依存度逐年攀升，公司受全球光伏市场波动和海外出口市场影响的风险和压力加大。近年来，传统光伏市场国家对我国光伏出口产品频繁提出"双反"诉讼并征收高额反倾销、反补贴税，对蓝晶易碳产品出口销售和当期盈利水平造成影响。2013 年，公司销售收入增长率同比回落约 5 个百分点，净利润增长率同比减少约 55 个百分点。海外主要光伏市场国家对我国光伏产品出口制裁成为影响公司国际化经营的主要问题和障碍。

2013 年，面对日益严重的光伏"双反"压力，蓝晶易碳领导团队迅速转变主要产品结构和国际市场布局，将离网照明、发电设备作为未来主要生产销售产品，将海外市场布局重点转向东南亚和非洲地区，发挥自主创新优势，主动规避风险。另外，国内光伏市场的发展完善为企业战略转型提供有力业绩保障。以海润为代表的国内领先光伏组件企业基本能够满足蓝晶易碳对太阳能电池板晶 50%~70% 的需求，海外原料供应商对企业生产经营制约力被削弱。另外，国内农村市场对离网照明、发电设备需求潜力大，国内市场持续发展为公司积极参与国际市场竞争提供坚强后盾。

二、海外经销商异化

海外营销过程中，国内光伏企业一般会采取寻找海外经销商经销、代销方式，也是国际贸易中较为常见的产品销售模式。寻找海外经销商能够使产品迅速进入目标国市场，降低海外市场销售渠道拓展成本。

传统"生产商—海外经销商—终端用户"产品销售方式将产品制造商和海外市场终端用户分离，经销商在两者之间充当交易媒介以得到差价为目标谋利。由于经销商异化，制造商与终端用户之间的良性互动关系有可能被割裂。短期来看，经销商异化同时加重产品制造商和终端用户的负担，制造商海外销售成本上升，而终端用户要承担远高于产品价值的价格负担。最终，一方面，厂商为了维持合理利润空间不断压缩生产成本，缺少创新动力，无法获知终端用户对产品的真实诉求；另一方面，用户在消费市场上则更愿意将质量稍差、价格较低的产品驱逐出当地市场。

企业真正的竞争优势绝非低价，而是真实反映和解决终端用户需求，通过技术改进和创新生产出满足用户需求的产品。蓝晶易碳领导团队在海外市场实地调研后，深刻认识到海外经销商异化对企业和消费者利益的双重损害。目前，公司经过调研探索，创新国际化经销方式，创立"唐店"模式，意在逐步从根本上解决海外经销商异化问题，维护企业和海外消费者利益，不断提升海外营销自主权和话语权。

附录 公司大事记

2009年8月，山东蓝晶易碳新能源有限公司迁离青岛，落户日照。

2009年12月，设立青岛办事处。

2010年5月，设立新疆办事处。

2010年，获得"节能降耗先进单位"称号。

2011年10月，成立山东蓝晶电力有限公司。

2012年7月，在日照市莒县东莞镇投建生产基地。

2012年，离网电池板销售量全国第一。

2013年10月，与山东邮政总公司签署合作协议，参与农村亮化工程。

2013年6月，成立孟加拉办公室。

2014年5月，与山西邮政总公司签署合作协议。

2014年8月，成立柬埔寨办公室。

2014年，获得"山东半岛经济人才项目优秀奖"。

2014年，获得"日照高新区优秀在孵企业"称号。

2015年3月，成立缅甸办公室及展厅，首次开展"唐店行动"试点工作。

2015年9月，参加印度展会。

2015年10月，获得"广交会参展商优秀设计奖"。

2016年4月，参加泰国LED展会。

2016年5月，参加缅甸展会。

2016年5月，蓝晶易碳在缅甸曼德勒开设第一家海外"蓝色家电"体验店。

后 记

    本书是杨丹辉主持的 2014 年度中国社会科学院国情调研项目"中国企业调研"子课题——"山东蓝晶易碳新能源有限公司考察"的最终成果。"中国企业调研"是中国社会科学院经济学部设立并组织实施的国情调研重点项目之一，项目总负责人为陈佳贵研究员和黄群慧研究员。

    理论联系实际、注重实地调研一直是中国社会科学院的优良学风和传统。在课题研究和政策咨询工作中，本人有机会接触到各种类型的企业。这些企业既有技术先进、装备精良、产品领先的业内"航母"，也有不少规模各异、扎实经营、特色鲜明的中小企业，正是这些市场主体共同支撑起"中国制造"这座日益高峨的大厦。在调研过的企业中，山东蓝晶易碳新能源有限公司虽然规模不大，但具有一定特殊性和代表性，其有别于国内大多数光伏企业的发展理念、战略定位以及成长路径，为国内中小企业加快转型升级提供了具有借鉴价值的案例。

    改革开放以来，中国经济发展取得了举世瞩目的巨大成就。21 世纪头十年中国经济经历了一轮主要以投资和出口拉动的高增长，将经济总量带入世界第二的高位，赢得了全球第一制造大国和货物贸易大国的地位。然而，伴随着压缩式的加速工业化和持续的规模扩张，中国经济的结构性问题日益凸显。低水平的产能大面积过剩，库存不断累积，综合要素成本快速攀升。同时，高杠杆化导致银行业资产质量下降的风险加剧，实体经济的整体脆弱性进一步放大。随着传统比较优势由逐步弱化再到系统性减失，中国制造既受到新兴市场低成本出口的市场挤压，又要迎接美国、德国等制造强国主导的工业 4.0 的挑战。在这种"双重钳制"下，令人感到欣喜的是，中国改革开放伟大实践的最宝贵财富之一是形成了一批初步具备国际竞争意识的市场化企业群体，这一群体对市场变化已经有了一定的敏感度、耐受力和应对手段。企业自主转型意愿普遍增强，正在为挣脱低端锁定和路径依赖的束缚砥砺前行。中国经济进入"新常态"后，在部分地区、部分行业陷入发展困局的同时，越来越多的企业下大力气苦练内功，在依靠创新驱动实现转型升级的道路上已经踏出了坚实有力的脚步。

可以说，蓝晶易碳正是这样一家勇于创新，一直致力于跳出"同质竞争"的企业。在当下国内仍有不少企业心浮气躁、盲目追求"做大做强"之时，蓝晶易碳的领导团队却清醒地认识到企业若想获得可持续发展，必须凭借差别化的经营策略谋求利基市场。在这一超前理念的引领下，蓝晶易碳作为一家战略性新兴领域的新能源企业，将市场定位在国内外广大欠发达的农村地区，"脚踩两个农村"，不断开发适用于基础设施建设落后、建设资金短缺、地理位置偏远的国内外农村消费者的光伏产品，实现了企业自我发展和践行社会责任的"双赢"。蓝晶易碳差别化的产品开发和商业模式创新实践不仅为中小企业开拓了发展思路、加快转型升级提供了可复制、可移植的经验，而且也为战略性新兴产业技术路线演进和产业政策调整提供了案例支持。

在为期两年的实地考察和案例研究过程中，由杨丹辉、江飞涛、黄阳华、张艳芳、渠慎宁等中国社会科学院工业经济研究所研究人员以及杨雅娜、李丹等中国社会科学院研究生院工业经济系研究生共同组成的项目团队多次赴蓝晶易碳在山东省日照市的生产基地深入调研，走访车间班组和管理部门，与企业领导团队及研发、生产、采购、营销、财务、国际化经营等部门负责人开展多种形式的交流，重点了解并掌握企业创业发展历程、治理结构、资产构成、管理制度、生产流程、技术和产品研发、财务管理、市场营销、国际化发展等方方面面的情况及一手资料。在此基础上，杨丹辉、杨雅娜、李丹、韩林凤共同撰写完成了国情调研报告。本书旨在真实、全方位地展现企业发展全貌，为相关理论研究和政策制定提供可参考的基础素材。

感谢项目总负责人黄群慧研究员对企业调研、报告写作给予的有针对性的指导和帮助。得益于国情调研项目的支持，我们团队特别是工业经济系的研究生有机会深入中国工业发展和企业创新一线，从而更好地把握"中国制造"的点和面。

山东蓝晶易碳新能源有限公司高度重视此次国情调研。公司创立者赵志峰先生、龚焱博士、艾敏女士先后在日照、北京、上海与项目组主要成员深度交流，分享企业独特的发展思路、战略定位、商业模式、资本运作设想以及光伏行业技术路线和发展动向，其敏锐的视角和富有前瞻性的预判对我们颇有启发，而他们一心一意做实业、精益求精搞创新的精神和情怀令人感佩，我们也从中看到了国内中小企业转型发展的希望。同时，感谢公司执行副总裁马亚敏女士和国际部经理范琳女士，她们为本项目的实施和报告撰写提供了细致周到的调研安排和翔实系统的资料支持。

感谢中国社会科学院工业经济研究所科研处王楠先生为项目开展提供的帮助和支持，经济管理出版社的陈力编辑促成了本书的顺利出版，感谢他负责任、高效率的编辑工作。

需要强调的是，虽然力求全面，但由于调研时间和笔者能力有限，对蓝晶易碳的考察和记录难免有不准确或不客观之处，希望得到企业及相关人员的谅解。同时，期待将蓝晶易碳作为支撑中国企业创新理论的典型案例，开展可持续的跟踪观察，做出更为深入的解析。

杨丹辉

2016 年 6 月，北京